中国乡村文明的百年变迁

从『乡土中国』到『城乡融合中国』

李河◎著

·北京·
国家行政学院出版社
NATIONAL ACADEMY OF GOVERNANCE PRESS

图书在版编目（CIP）数据

中国乡村文明的百年变迁：从“乡土中国”到“城乡融合中国”/李河著. —北京：国家行政学院出版社，2022. 4

ISBN 978-7-5150-2682-4

Ⅰ. ①中… Ⅱ. ①李… Ⅲ. ①农村—精神文明建设—研究—中国 Ⅳ. ①D422. 62

中国版本图书馆 CIP 数据核字（2022）第 059065 号

书　　名	中国乡村文明的百年变迁——从“乡土中国”到“城乡融合中国” ZHONGGUO XIANGCUN WENMING DE BAINIAN BIANQIAN ——CONG“XIANGTU ZHONGGUO” DAO“CHENGXIANG RONGHE ZHONGGUO”
作　　者	李　河　著
责任编辑	刘韫劼
出版发行	国家行政学院出版社 （北京市海淀区长春桥路 6 号　100089）
综 合 办	（010）68928887
发 行 部	（010）68928866
经　　销	新华书店
印　　刷	北京盛通印刷股份有限公司
版　　次	2022 年 4 月北京第 1 版
印　　次	2022 年 4 月北京第 1 次印刷
开　　本	170 毫米×240 毫米　16 开
印　　张	12. 5
字　　数	154 千字
定　　价	48. 00 元

目　录

CONTENTS

引　言

历史哲学视域的百年乡村文明 …………………………… 001

第一章

数据呈现：中国乡村“数千年未有的百年巨变” ……………… 009

一、高速城镇化：世界第一乡村大国成为第一城镇大国 ………… 010

二、乡村是否变为城镇社区的“异域同构空间”？——什么是乡村的“乡村性”？ ………………………………………… 014

三、“断裂”还是“渐变”：传统乡村与现代乡村的不同变化逻辑 ……………………………………………………… 017

第二章

“乡土中国”：对传统乡村文明的范式解读 ………………… 021

一、“文明”（civilization）的几种用法 ……………………… 021

二、“乡土中国”文明范式的基本特征 ……………………… 026

三、“乡土中国”文明范式的教化功能和“伦理本位”色彩 …… 039

四、存续还是解体？——“乡土中国”文明范式的百年之间 …… 042

第三章

改良与革命：传统乡村文明初现解体阶段 …………………… 044

一、“少年中国”替代“老年中国”：文明再造的共同理想 ……… 045

二、旨在“创造性改造”传统乡村文明的“乡村建设运动” …… 050

三、旨在推翻传统封建制度的“农民运动” ……………………… 054

四、从苏维埃到解放区：把新民主主义的基础建立在乡村 ……… 061

第四章

“城乡二元”与历次社会主义改造运动：传统乡村文明从显性形态变为隐性形态 ………………………………………… 066

一、政治运动驱动其他运动：为乡村变革奠定政治前提和制度基础 ……………………………………………………………… 068

二、“城乡二元”体制建立和乡村 30 年历次改造运动 …………… 070

三、“乡土中国”的意义世界从显性形态转变为隐性形态 ……… 074

四、传统乡村的生计方式和外部空间形态的变化相对较小 ……… 077

第五章

空间折叠—人口多元：乡村世界遭遇高速城镇化“涡旋效应” ……………………………………………………………… 079

一、传统乡村文明在 1978 年后的两种命运：局域复兴与系统性破坏 ……………………………………………………………… 081

二、改革开放后我国城镇化的“三阶段”理论 …………………… 083

三、当代“区域层级体系”理论与新的“村庄类型学” ………… 088
四、高速城镇化“涡旋效应”之一：乡村世界的“圈层空间折叠”与“发展运气” …………………………………………………… 093
五、高速城镇化“涡旋效应”之二：乡村“人口多元”的新常态 ……………………………………………………………… 097
六、高速城镇化“涡旋效应”下的乡村世界新常态 ………… 105

第六章

乡村文明范式转型：从“乡土中国”走向“城乡融合中国” …………………………………………………………… 107

一、“城乡融合”历史阶段的政策标志 ……………………… 108
二、改革开放之初学界对“城乡融合”的探索 ……………… 111
三、近年“城乡融合”研究关注的焦点问题 ………………… 113
四、从“乡土中国”到“城乡融合中国”之一：文明范式转换的道义基础 ……………………………………………………… 119
五、从“乡土中国”到“城乡融合中国”之二：文明范式关系的反思 ……………………………………………………………… 123
六、“丸之走盘”的隐喻：理解文明范式转换的方法论问题 …… 130

第七章

乡村文明新形态展望：“家园”含义的重新诠释 ………… 134

一、“城乡融合”≠“消除一切城乡差异”：什么是未来乡村的“乡村性”？ ………………………………………………… 134

二、“滕尼斯问题”：“乡土共同体”承载着怎样的群体心理需求？……141
三、传统社会与现代社会的“质”的区别：我国乡村文明转化的“间断”……148
四、重塑“家园意识”：乡村社区建设应重视“心灵秩序”建构……153
五、结语：完善“乡村社区综合体”的必要配置，塑造乡村文明新形态……160

外一篇

从“根系式生存”到“漂泊式生存”……164

一、从两种“乡愁”谈起……165
二、“家乡”的结构意涵：血缘亲属共同体+邻里熟人共同体……166
三、“家乡”的时间意涵：根系记忆所负载的“传统”……172
四、“家”与“乡”分离：“家在异乡”与“家乡的异乡化”……175
五、两种城市发展逻辑，碎了一地的“传统”……180

外二篇

城市文化空间：从“生存性居住”到“展示性居住”……185

一、“城市文化空间”的两种含义与两种城市生长逻辑……186
二、胡同改造：在广告叙事中湮灭的大历史与微历史……188

引　言

INTRODUCTION

历史哲学视域的百年乡村文明

到目前为止，我国乡村文明主要是人类学、社会学领域的研究话题。相关学者大多长于以在地观察的方法对目标地区进行沉浸式的田野调查，并以“深描”方式阐释目标地区文化意义系统的“地方性”特征，其叙事尺度大多细致而微观。对这类研究来说，“乡村文明的百年变迁”无疑是过于化约主义的宏大主题。但知识领域的分工似乎赋予历史哲学一种宏大叙事的优势或“特权”，对斯宾格勒、汤因比和雅斯贝尔斯等人来说，“文明”的叙事尺度在时间跨度上动辄千年，在空间广度上可以超越国别性单位。有识于此，本书尝试依据一些乡村人类学、社会学的材料，从历史哲学的视角对我国百年乡村文明的变迁进行梳理，对未来乡村文明新形态的可能性条件进行探索，期待这样的思考和叙事实验会打开一些新的问题域。

历史哲学的思考和叙事方式已经内嵌到不少人类学家、社会学家的作品之中了。林耀华在《金翼：中国家族制度的社会学研究》（简称《金翼》）一书中细致描述了福建闽江地区张、黄两个家族从村落到乡镇和都市、从农业活动到商业活动转变过程的“各自命运的变迁”。作者在该书结尾处进行了一番颇具哲学意味的议论：“‘**变迁**’是什么意思呢？就是指体系的破坏，然后再恢复或者建立新的体系。什么力量能导致变迁产生，即破坏存在着的体系的均衡呢？一般来说，有四种力量能使平衡垮台。”这里所说的“体系变迁”显然是指务农的体系向经商的体系的转变，影响这种转变的四种力量约略概括就是：物质环境的变迁、技术的变迁、人际关系的变迁以及体系外其他因素的干预。① 此外，许烺光的《祖荫下：中国乡村的亲属、人格与社会流动》（简称《祖荫下》）在对云南大理喜洲镇进行了系统的社会学考察后也表达了同样的类哲学诉求：“我试图通过对某一个小镇的细致研究将整个中国的朝代兴衰与中国家庭、亲属、宗教和个性形成的规律联系起来。”② 这样的理论取向在施坚雅、杨庆堃等人的著述中也随处可见。所有这些事例都表明，对乡村的经验观察和案例研究往往会内生出普遍解释的要求，因而需要构造深层的观念论证和命名系统。正是在这里，哲学的追问和概念论证方式体现出了必要的价值，人类学的主题因此可以转化汇通于历史哲学主题。

林耀华提到了“变迁”，而探索“乡村文明的变迁”正是本书的主旨。“变迁”总是“从A到B”的过程，那么如何确定作为起点的文明形态A和作为变迁终端的文明形态B呢？本书依据学界的共识，将费孝通在上世纪40年代提出的“乡土中国”假定为我国百年乡村文明变迁的“**起点范式**”；同时将目前国内学界和政策研究领域热议

---

① 参见林耀华：《金翼：中国家族制度的社会学研究》，庄孔韶、林宗成译，生活·读书·新知三联书店2007年版，第224—226页。

② 许烺光：《祖荫下：中国乡村的亲属、人格与社会流动》，王芃等译，台北南天书局2001年版，第253页。

的“城乡融合中国”当作其“**终端范式**”；此外，还把学界在城乡关系史讨论中提出的“城乡二元中国”“城乡两栖中国”等当作上述两大范式之间的过渡阶段，由此构成对中国乡村文明百年变迁的四阶段叙事体系。

第一阶段是乡村文明“百年巨变”的起点，大致指从上世纪初到1949年的时期。在这个时期，存在数千年之久的传统乡村文明受到来自外部和内部的挑战，许多地区、许多领域初现解体的征象，但其整体形态和特质尚得到保持，其基本范式可用费孝通于1940年代提出的“**乡土中国**”来概括，其支配性特征用梁漱溟先生的话说是“伦理本位”的。[①]

第二阶段可以概括为“**城乡二元中国**”，[②] 大致指1949—1978年的时期。在此阶段，乡村发展被纳入“从新民主主义到社会主义转变”的总体进程，显示出鲜明的“政治本位”色彩。在上世纪50年代国内外环境的影响下，国家采取以高度集中的计划经济体制优先发展重工业、快速推进城市化的方针，为此在乡村与城市之间确定了限制乡村人口向城市流动、对农产品进行统购统销的二元体制。[③] 国家意识形态大叙事覆盖了地区、村落乃至家族的小叙事或地方性叙事，传统乡村文明由显性的系统性存在蜕变为隐性的碎片化存在。

第三阶段可概括为“**城乡两栖中国**”，大致指1978—2012年的时期。在这个时期，改革开放和发展社会生产力、使人民摆脱贫困成为我国城乡发展的基本旋律，城镇化进程启动了快进键。乡村发展在保

---

① 参见梁漱溟：《乡村建设理论》，上海人民出版社2006年版，第24页。

② 参见朱晓阳：《“乡-城两栖”与中国二元社会的变革》，《文化纵横》，2018年第4期。

③ 有近代史学者认为，在20世纪中叶，不仅是中国，印度、巴西、阿根廷、智利、埃及、墨西哥以及东欧等发展中国家都在不同程度上选择了优先发展重工业的赶超战略和计划经济体制。

持“政治本位”特征的同时，受到市场经济的强烈冲击：传统乡村的空间形态和人口结构出现巨变，数以亿计的乡村人口以“农民工”身份奔波于城乡两地。

第四个阶段，也就是我们正在经历的阶段，按照学界的主流理解被确定为2012年以来到未来15年至30年的时期。在这个时期，国家将乡村地区全面脱贫、乡村振兴和推动乡村人口城镇化当作政策重点。伴随城镇化率迅速提高，我国城乡关系日益呈现“**城乡融合中国**”的趋势。可以设想，未来乡村、城镇与城市文明在内涵上日益接近，乡村文化建设与城镇文化建设一体化乃至一样化趋势日益明显。在此前景下，我国乡村文明新形态的建构如果还有什么特殊内涵的话，那就是要参照国外乡村在现代化进程中的经验教训，针对我国乡村在快速巨变中出现的问题，将美好生活想象与诊断治疗意识结合起来。

毫无疑问，上述各阶段的命名和概括未见得十分准确，但本书希望这些命名工具有助于展示一个整体上说得过去的“文明变迁”演化逻辑。

需要说明，在本书的考察中，“乡土中国”和“城乡融合中国”固然是指两种文明形态，但在文本叙事的意义上，它们分别是两个“范式”——从“文明范式”角度考察我国乡村的百年变迁构成了本书首要的方法论特征。“范式”一词是从美国学者托马斯·库恩的paradigm译解而来的，它承诺着一种具有本质主义意味的理论解释结构。依据这个方法，我们可以对“乡土中国”的文明范式的“硬核”内涵和基本特征进行刻画，也可以对“城乡融合中国”所提示的可能的文明范式含义进行想象和探索。

一旦把“乡土中国”向“城乡融合中国”的转变确定为我国百年乡村文明变迁的叙事线索，不难看到，我国乡村确实经历了并继续在经历着“数千年未有的百年巨变”，其变化幅度之大不啻“从猿到人”。为直观呈现这个巨变，本书第一章借助了社会史学对我国千百年来城镇化率的研究所展示的一个事实：迄至1978年，我国数千年中的城镇化率始终徘徊在6%～22%。让笔者不无惊异的是，1978年我国城镇化率尚不足18%，按单纯数值标准来看，它甚至低于1000年前的南宋时期。这正是这个国家长期被称为“世界第一大农业国”的根本原因。但同样令人感叹的是，1978年后仅仅40余年，我国城镇化率迅速跃升为60%以上，未来几十年甚至会达到70%～80%。这样的巨变彻底变易了传统乡村世界的外部空间形态和村落内部的人口结构，本书第五章在描述相关变迁过程时，专门创造了“城镇化涡旋效应”、乡村世界的“圈层空间折叠”、“人口多元”、“发展运气”等专门术语。不仅如此，本书第一章还试图提出“传统乡村”与“现代乡村”的不同发展逻辑：前者遵循的是“**有机体自然演化的逻辑**”，后者遵循的是“**反时间的结构置换逻辑**”。笔者行文时时常感到，在描述这种变化时，“变迁”远不如“巨变”来得准确。

然而，乡村外部空间形态的变化以及内部人口结构的改变并非本书关注的首要问题。从“文明”角度看乡村，我们所关注的就不仅是乡村空间或生产生活的“**外部秩序**”的变化，更关注的是社会“**心灵秩序**”的变化。与那种将一切人类物质财富和精神表达都同等视为文明要素的理解不同，笔者相信，从根本意义上说，心灵秩序是“文明之所以为文明”的根本特性。这种心灵秩序根源于特定意义世界的内生的规范要求，这种意义世界通过特定的教化机制作用于一代又一代的人群。心灵秩序通过时间和空间意义的“重复”（repetition）规训世代人群的意识和行为，赋予他们内心信仰和价值的先天性，使人培育出一种“自律性的”道德感和礼仪精神。一个缺失稳定的心灵秩序的社会是难以称得上“文明”的。

本书第二章正是从“内在意义世界”和“心灵秩序”的角度对“乡土中国”文明范式进行了刻画。接下来的第三章到第五章重点描述这种传统的心灵秩序如何在过去100年的风风雨雨中，在“新文化运动”、“乡村建设运动”、“农民革命运动”以及新中国成立后历次政治运动的轮番冲击下陷入“系统性崩溃”。在这里，本书提出了传统文明意义世界的“系统性存在”和“碎片化存在”的差别，提出了传统象征系统“空壳化”“脱域化”的问题。当然，随着传统文明的意义世界和外部形态的彻底崩解，我们直接面对的便是这样一个根本性的“百年之问”：抛弃了旧文明的乡村是否形成了新的文明形态？如果将“城乡融合中国”当作一种处于变迁终端的乡村文明新形态，它应当具有哪些基本的特性？

有人会说，新的乡村文明早就成熟了。我们进行了数十年的乡村文化建设，有一套日趋完善的乡村公共文化服务系统。然而，乡村文明新形态与公共服务意义上的乡村文化建设相关但也不同。其最大的不同点在于，公共文化服务是一种行政本位的文化建设方式，很难孕育出“文明”所要求的那种内生的人际情感、内在的为善驱力（如慈善动机）以及自律的道德素养。本书第七章提出了“内在自然”“类家庭情感”等概念，对上述问题进行了尝试性的探索。

将“乡土中国”与“城乡融合中国”视为两种不同文明形态还会带来如下问题：“城乡融合中国”是对“乡土中国”所代表的文明形态的复制或升级（譬如有学者使用了“新乡土文明”的提法），还是与后者的彻底断裂？本书第六章对这个问题进行了方法论层面的讨论。总结起来，这两种形态至少存在以下差别：其一，作为“起点范式”，“乡土中国”是个“过去时＋完成时”的文明，而“城乡融合中国”

则是个“进行时+未来时”的、处于“尚未”状态的文明；其二，从游戏理论看，“乡土中国”所代表的文明与我们期待的“城乡融合中国”的新文明形态在基本“构成性规则”上是全然不同的；其三，从方法论上看，过去时形态的“乡土中国”范式可以成为本质主义描述的对象，处于进行时和未来时的“城乡融合中国”范式则可以成为建构主义的理解对象。“建构”需要确定道义目标，需要据此对过去的一切进行重新审视和批判。从上述意义来看，“城乡融合中国”的范式含义与“乡土中国”确实是迥然不同的。

然而，“乡土中国”与“城乡融合中国”也依然存在着某种密切的相关性。当人们说“乡土中国”是一种文明时，不仅是说它形成了一套外部的经济、政治和社会秩序，而且是说它积淀形成了特定的心灵秩序。相形之下，我们在类比的意义上把“城乡融合中国”称为“乡村文明新形态”时，不免有些踟躇犹豫。毫无疑问，多年来我国乡村在经济秩序、政治秩序和社会秩序建构方面取得了长足进步，目前备受热议的五大振兴、城乡一体化以及共同富裕等政策也无疑会大大改善乡村民众的物质生活水平和日常的文化消费需求，然而从整体上看，人们在如何构建一种符合当代社会要求、符合人的“内在自然”的心灵秩序以及相关的教化机制方面，尚未达到理论和政策上的自觉。本书最后部分围绕这一主题展开了实验性很强的探讨，提出未来乡村文明新形态建设的重点在乡村基层社区，并根据“**社会必要配置**”的思路提出了“**乡村社区综合体**”的建议构想。

需要说明，从“文明范式”角度探索乡村文明的百年变迁还寄托着笔者的一个愿望。目前我国已成为世界上经济总量第二的国家，“从站起来、富起来到强起来”，实现中华民族伟大复兴、创造人类文明新形态成为我们国家为自己确定的发展目标。一个民族的复兴不仅看它是否积累了足够的物质财富，更重要的是看它能否建构一种“不言而善应，不召而自来”的文明典范或典范文明。正是这种意识使笔者不揣冒昧，萌生了撰写本书的动机。在本书写作、思考和讨论过程中，笔者接触了一些乡村人类学者、社会学者，对他们踏实的学风和接地气的讨论印象尤为深刻。本书不期待能像这些学者的著述那样做到“以小见大”，但在方法上希望可以比附于“以家观家，以乡观乡，以邦观邦，以天下观天下”的理路。此外，在接触中，笔者对那些多年来奔走于乡村田野，积极投身重塑乡村文明新形态的实践派学者也怀有一份深深的敬意。

第一章

C H A P T E R 1

数据呈现：

中国乡村“数千年未有的百年巨变”

为什么说中国乡村经历了“数千年未有的百年巨变”？这个巨变大到何种程度？是“断裂性”巨变，还是保留着传统韧性的“渐进性”变化？这些都是探讨中国乡村文明新形态时应先行予以考察的根本性问题。对于这些问题，使用不同的观察测量工具可以得出不同的结论。譬如，擅长从目标人群的行为积习、片段记忆等微观细节中捕捉传统连续性线索的人类学家往往会强调，目标乡村的变化无论多么巨大，都只是“表面”的，其“深层”社会结构依然具有很强的连续性，千百年“积淀”而成的传统和习俗依然表现出顽强的韧性。而当历史学家将这个百年片段与中国数千年历史加以比对时，他们会意识到，这是以往数千年历史中少见的百年。

为直观呈现这种巨变，本书利用一些现代城镇化率数据，并将其与一些学者在中国古代史研究中推算出来的古代城镇化率数据进行对比，尽管这两类数据的产生标准未尽一致，而且古代城市或城镇的内涵也与现代化工业化无涉，但依然可以大致形象地展示我国乡村在过去百年中发生了怎样的巨变。

一、高速城镇化：世界第一乡村大国成为第一城镇大国

假如用一万年来涵括我国文明史，[①] 它至少在 98% ~99% 的时期是以“农耕文明”著称于世的。对农耕文明而言，乡村不仅是社会结构和制度文明的局部，更是整个社会结构的深层基础。同时从人口占比和空间规模来看，乡村与城镇相比也占据着绝对的支配地位。

美国人类学家施坚雅推算，19 世纪 60 年代到 90 年代，我国城镇化率大体是 6% 。[②] 而现代口径的统计数据显示，1949 年新中国成立时我国城镇化率则刚刚达到 10. 6% ，即使到 1978 年的改革开放元年，这个占比也不过是 17. 9% 。[③] 换言之，自晚清到 1978 年我国乡村占比大体维持在 85% ~90% ，这个数值不仅与世界多数尚未进入工业化和现代化的国家大体相似，也与我国数千年农耕社会的城镇和乡村比例相

① 多年来人们用“上下五千年”描述中华文明，近来学界出现了中华民族有“超越百万年的文化根系，超过一万年的文明史”的新说法，本文姑且采用“一万年文明史”的说法，但对“百万年文化根系”的说法高度存疑。这个说法显然把考古学意义的文化与表达特定文明精神的文化混淆了，未能区别“中国文化”与“（考古学意义的）文化在中国”。显然，人们不会因为约翰内斯堡发现了 900 具 200 万年前的古人类化石，就说“南非有超过 200 万年的文化根系”。

② 施坚雅：《十九世纪中国的地区城市化》，载施坚雅主编《中华帝国晚期的城市》，叶光庭等译，中华书局 2000 年版，第 259 页。施坚雅说：“人们可以把 1893 年农业中国的城市人口估计为 2080 万至 2570 万之间，其城市化的比率为 5. 3% ~6. 6% 之间。……我倾向于分别为 2350 万与 6% 。”

③ 施坚雅将中国传统城市分为两类：一类是国家行政区划的治所，另一类是由于市场经济因素形成的市镇。参见施坚雅主编《中华帝国晚期的城市》，第 256 页。此外，费孝通在《乡土重建》（岳麓书社 2012 年版）一书的“论城 · 市 · 镇”一章也持类似看法。见该书第 20 页。在这里，费孝通还区别了“没有受到工业化影响的城（市镇）和受到工业化影响的城”，见该书第 23 页。

去不远。

赵冈在《中国城市发展史论集》中对我国古代城镇化程度进行了探讨。他重点参照两个标准：其一是我国1953年第一次人口普查时所确定的城镇识别标准，即城镇应有2000以上人口，并且一半以上是非农人口。赵冈对此还附加了一个人口密度指标，即每一万平方米人口不少于40人。① 其二是根据农耕社会的情况，引入了所谓“余粮率”标准。所谓“余粮”是指古代一户农民除自给自足外用于交易的粮食，这部分粮食是城市非农业人口的生活资料。赵冈指出，中国农耕社会大部分时期的“余粮率”约在10%，少数富裕时期（如南宋）在20%，正是这个“什一余粮率”决定中国古代城镇化率的均值在10%。②

按照这个标准测算，我国战国时期的城镇化率约在15%，西汉到唐代大约在17%，南宋是中国城镇化率的巅峰时期，据推算在22%。明清以后虽然城镇化规模有所扩大，但由于总人口数增加更快，城镇化率反而有所降低，到19世纪中叶的太平天国时期仅及6%。③ 另有一些学者也提出大致相仿的看法，即自先秦到明清，我国城镇化率最低水平是4%，而最高是17%～20%。

---

① 参见赵冈：《中国城市发展史论集》，新星出版社2006年版，第2—3页。人类学家对于如何界定城镇和乡村有诸多讨论，如萧公权、施坚雅等，其确定的标准多少有些出入，本书不拟展开讨论。

② “什一余粮率”是笔者的概括。《中国城市发展史论集》对中国古代通行的“10%余粮率”多有论述。如该书提到：“假如一个国家的农业生产力很低，平均每个农民除自用外，只能剩下10%的余粮，即余粮率等于10%，则在没有进口粮食的情况下，全国城市人口的比重很难超过10%。”（第8页）需要说明，这一“10%余粮率”的假设在历史上是有根据的。《论语·颜渊》记载：“哀公问于有若曰：‘年饥，用不足，如之何？’有若对曰：‘阖彻乎？’曰：‘二，吾犹不足，如之何其彻也？’”这里的“彻”即指春秋时期的“什一田税”。按《宋史·食货志》的说法，“什一之法”载于《周礼》。而“二”则指“抽取十分之二的田税”，显然属于重税了。

③ 赵冈推算，我国战国时期城市人口约509万人。他引述赵文林《中国人口史》的看法，当时总人口约为3200万，因此那时的“城市人口之比重是15.9%”。此外，在《中国城市发展史论集》第79页，赵冈断言南宋城市人口占22%。在该书第81—82页，赵冈认为清代后期城市人口约在6%，这与上引施坚雅的观点是相近的。

上述数据呈现了怎样的图景呢？它无疑表明我国至少在40年前的1980年代还是个名副其实的乡村大国，并且有一个现代性名称叫“农业国”，因为当时的城镇化率还未达到南宋时期的22%。正因如此，百年来几代有识之士都认为，谈论中国社会发展而不谈论乡村是个定义中的矛盾。

但是，这一切到1978年彻底改变了。从那时起，我国城镇化启动了快进键：第七次人口普查数据显示，1978—2020年我国城镇化率从不足18%跃升为63.89%，超出56%的世界平均水平，其间年平均增加值达1.1%。2000—2020年，年平均增加值更是超过了1.3%（见图1－1）。国际上城镇化率处于30%～70%通常意味着进入高速城镇化时期，[①] 考虑到我国近年来不断加大乡村人口城镇化的政策力度，再考虑到今后一个时期内我国将进入经济内循环和扩大内需为主的阶段，不少专家预测，即使未来十几年我国年城镇化率年平均增加值从1.3%降到0.73%，[②] 到2035年城镇化率依然会达到75%上下（见图1－2），到“第二个一百年”到来之际则可能达到目前发达国家的平均水平即85%上下，有学者甚至断言会达到90%。

学界对以上数据在细节上或存有不同看法，却大多认可这样的事实——我们用几十年就从世界最大的乡村大国一跃成为城镇人口“三分天下有其二”的国家，成为世界上城镇人口最多的国家。这一变化路径被某些中外学者概括为“从乡到城”，或“从乡土中国到城镇中国”。[③]

① 2018年9月中共中央、国务院印发《乡村振兴战略规划（2018—2022年）》，指出“我国城镇化进入快速发展与质量提升的新阶段”。

② 2021年我国城镇化率为64.72%，比上一年增加0.83%。

③ 参见 Andrew Kipnis, *From Village to City: Social Transformation in a Chinese County Seat*. Berkeley University pf California Press，2016，即美国学者任柯安根据邹平调研撰写的报告《从乡到城：一个中国县城的社会转型》。此外，参见2021年5月11日人民资讯刊载社论《从“乡土中国”到“城镇中国”》。

显然，这样的巨变速度在中华民族数千年历史上前所未有，在世界几百年现代史上也罕有其匹。

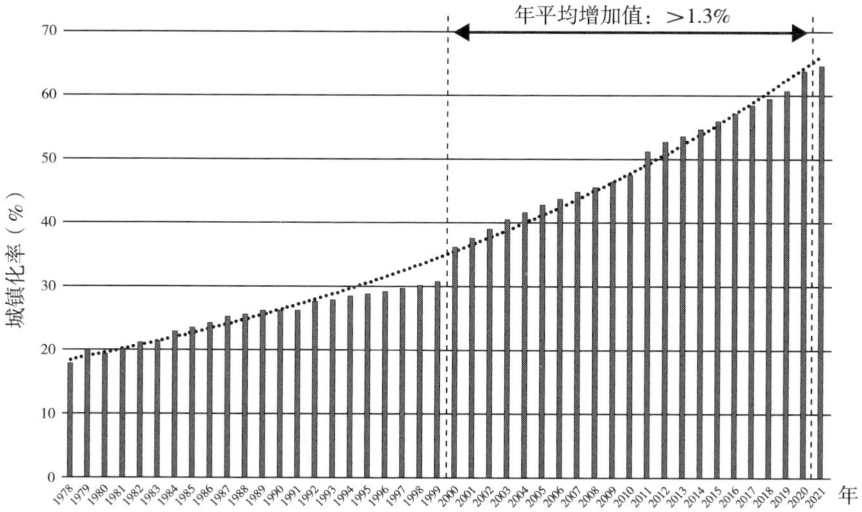

图 1－1　1978—2020 年我国城镇化率

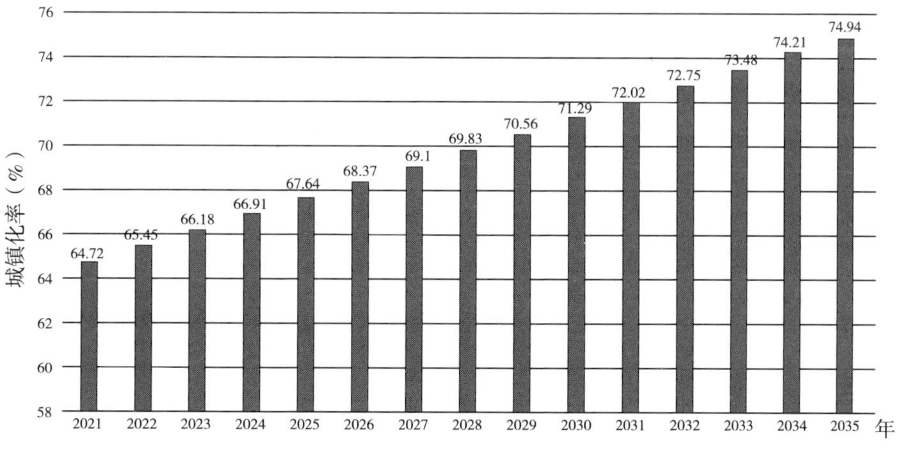

图 1－2　2021—2035 年我国城镇化率展望（按每年增加 0.73%）

二、乡村是否变为城镇社区的“异域同构空间”？——什么是乡村的“乡村性”？

如何看待这个巨变？如何评价这种城镇化进程以及城镇化速率？

城市学家常常用城镇化率展示一个社会现代化的正面成就，高速城镇化也确实给数以亿计的城乡民众带来前所未有的生活改善，但超快的城镇化速度恰恰受到不少乡土派人士的诟病和批判。因为“城镇化率”的反面就是“**乡村化率**”，这两“率”在我国过去几十年呈现出明显的“**因果性消长模式**”——城镇化率提高直接导致乡村化率下降，城市规模的高速率扩张直接导致乡村规模的高速率萎缩，人口大量流入城市直接导致大量乡村空心化和老龄化。① 这样的发展速率和发展态势对我国乡村的命运以及与之相关的未来乡村文化建设提出了一些前所未见的挑战和基本性问题。

首先的问题是：我们是否正步入“乡村（包括乡村人口）趋于消失”或“城乡差异趋于消失”的历史阶段？②

这类问题并非空穴来风。有数据表明，迄至 1990 年我国尚有 420

---

① 费孝通在《乡土重建》第 14 页提到：“都市兴起和乡村衰落在近百年来像是一件事的两面。”该书第 17 页还提到：“这个分析，说明了在中国的过去和现在，乡村和都市（包括传统的市镇和现代的都会）是相克的。如果我们不能改变这个局面，将来也还是这样。所谓相克，也只是依一方面而说，就是都市克乡村。乡村则在供奉都市。”

② 参见文军、吴越菲：《流失“村民”的村落：传统村落的转型及其乡村性反思——基于 15 个典型村落的经验研究》，《社会学研究》，2017 年第 4 期。文章提到：“学界大体存在两种极为不同的判断：一种可被称为‘村落终结论’，另一种可被称为‘村落再生论’。”此外，作者在页下注中又补充说：“除了传统村落的‘解体’和‘消失’以外，也有学者强调传统村落在与城市体系接轨过程中的‘重组’。”

余万个自然村，但在高速城镇化引发的空心化、荒村化和村落重组化的压力下，到2013年这个数字降到280余万，减幅高达1/3。[①] 如果是这样的话，在不远的未来，乡村发展问题以及与之密切相关的乡村文化建设将日益沦为过时性和边缘性的问题，因为“皮之不存，毛将焉附”？

当然，也有观点认为，目前在我国谈论“乡村消失”问题为时尚早。因为我国大部分国土面积在农村，更重要的是，人口基数极大。按2020年总人口14.12亿计算，即使城镇化率达到76.7%，我国还会有3.3亿人口生活在乡村，这个数字相当于现在整个美国的人口，在当今世界国家人口排行榜中还可高居第四位，乡村依然称得上是“广阔天地”。

此外还需看到，目前城镇化率统计依据的是比较宽松的城镇常住人口指标，近年来该指标一直比城镇户籍人口率高出约16%。若按后者计算，我国目前乡村人口依然在50%以上，多于城镇户籍人口。由此可见，包括文化振兴在内的乡村振兴之路依然任重道远。

然而，尽管未来乡村依然是个物理空间广大和人口众多的世界，但更深层面的问题是：未来的乡村究竟在多大程度上还是1978年以前的、1949年以前的乃至清末民初以前的乡村世界？显然，这个问题相比于上一问题更多触及到了乡村变化的内涵。它可以进一步分为以下几个层面的问题。

乡村空间形态的追问：未来15年至30年的村落会是什么样子？大部分村落是依然保留着与“三代人的记忆”[②] 相对应的原生传统形

---

① 参见卢晖临：《村庄的未来——来自田野的观察和思考》，《学海》，2019年第1期。作者指出：“中国的自然村数量从1990年的420万个减少到2013年的280万个，23年间至少有140万个自然村消失，减幅高达三分之一。”

② “三代人的记忆”是一个区域变化的时间尺度。在过去变化缓慢的乡村或城市，一个“少小离家老大回”的游子，依旧可以听到他熟悉的乡音，找到他幼时熟悉的环境和饮食味道。

态，还是已经在频繁的乡村城镇化、旧村改造、并村拆迁乃至荒村废弃进程中变得面目全非甚至走向终结？

乡村人口主体的追问：未来15年至30年乡村的人口结构会是什么样子？有多少乡村的人口主体依然是世代居住、土生土长的本土人口？又有多少乡村日益变成城乡两栖人口、外来人口、混合人口占支配地位的空间？① 伴随户籍制度约束力的降低乃至消失，未来所谓"村民"是否不再是部分世居人口的特有身份标志，而日益被理解为"生活在乡间的人"？

乡村地方特质的追问：伴随乡村生活空间和人口结构的改变、乡村社区与城镇社区的差别日益缩小，村落共同体的地方性特质是否会发生根本性的变化？对于"再生村落"或混合人口、外来人口占主导的村落来说，人们在多大程度上还能保持、发掘或复兴以往附着于特定"地缘—血缘"的地方性—根系性乡风礼俗或记忆叙事？

上述几个层面的问题归结起来就是：未来乡村是否会嬗变为城镇社区的"异域同构空间"？当"村民"变身为"生活在乡间的人"，乡村对大多数人而言是否还具有传统的"家园"或"家乡"的含义？乡村多元人口群体之间的社会关系是否迥异于传统村落的亲属熟人关系？如果这些问题的答案都是"是"，我们应该怎样理解和期待未来乡村的"乡村性"呢？

"乡村性"概念不是本书的首创。文军、吴越菲在《流失"村民"的村落：传统村落的转型及其乡村性反思——基于15个典型村落的经

---

① 李玉红、王皓在《中国人口空心村与实心村空间分布——来自第三次农业普查行政村抽样的证据》（《中国农村经济》，2020年第4期）一文中提供数据：我国人口净流出行政村数量占比为79.01%。其中，空心化率不低于5%的空心村比例为57.50%，其空心化率为23.98%；人口实心村比例为12.15%，实心化率为21.16%。文章还认为，人口空心村比例与经济水平负相关，东部省域空心村比例较低，中西部空心村比例普遍较高。

验研究》一文中指出：“从全球化的角度来看，当前许多国家都面对着一个与以往不同的‘新乡村’（new countryside）。现代化进程并没有彻底消解乡村，乡村的发展反而极大地彰显了传统村落对于现代化力量的多元反应方式，并由此带来了‘乡村性论争’（rurality debate）。乡村性是如何演变的？或者说在更重要的意义上，乡村性应当如何演变？这一问题已经成为当代农村社会学研究中最具困扰的议题之一。”① 从这个描述不难看到，对“乡村性”的争论确实触及了整个新乡村或乡村文明新形态问题的“基底”（bedrock）。然而，本书后面的讨论表明，我们不能把“乡村性”限定在传统村落的话题域，这不仅因为目前我国传统村落总量几乎到了百不足一的地步，更因为当代村落的“乡村性”还会有更重要的内涵。

三、“断裂”还是“渐变”：传统乡村与现代乡村的不同变化逻辑

以上数据和追问表明，以数千年历史的宏观尺度来看，我国乡村的百年巨变具有明显的“断裂”特征。但近年来有学者提醒说，人们在理解从乡村到城镇、从传统到现代的转变时不能依据来自西方的所谓“**黑白二元主义**”的理解模式，而应代之以我国传统阴阳太极图所特有的“**黑白渐变模式**”（见图1－3）。

从后一模式来看，高速城镇化带来的现代与传统的“断裂”只是

① 文军、吴越菲：《流失“村民”的村落：传统村落的转型及其乡村性反思——基于15个典型村落的经验研究》，《社会学研究》，2017年第4期。

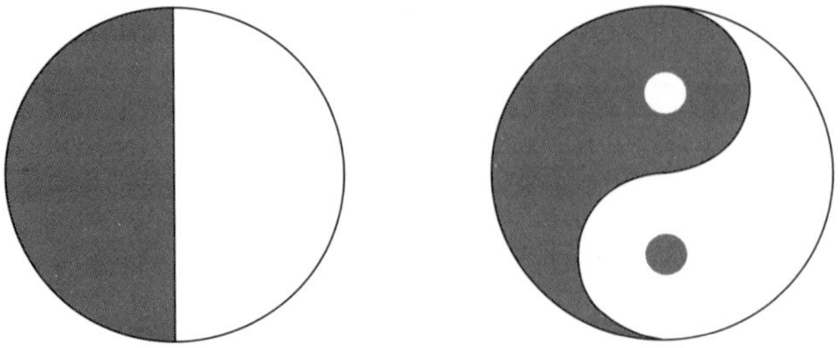

黑白二元主义　　阴阳太极图的黑白渐变模式

图1－3　“黑白二元主义”与“黑白渐变模式”

表面现象，“现代性和传统在记忆实践中是永远交汇在一起的”，因此即使面对那些已经进城的人群，人类学者依然“需要去观察（他们的）种种实践、理念、理想、幻象、梦境的移位错置、旧瓶新酒、流变转换，而不能仅仅认为它们一下子消失得无影无踪了”。[①] 这个观点看似圆融活用了我国古代的思想方法，但其方法论有两点值得注意。

其一，“黑白渐变模式”是从人类学微观叙事的时间尺度来观察“变化”的，但微距观察不足以见识宏观巨变。过度执着于这种叙事就可能抹杀**“变化”与“变化”之间的“变化”，“差异”与“差异”之间的“差异”**。以中国乡村来说，它固然在数千年里一直在变，但那些变化与其过去百年的变化幅度不可同日而语。一些学者将我国与发达国家进行对比时指出，我国的现代化进程呈现出明显的“压缩性”特征。[②] 本书认为，我国乡村在过去百年尤其是近几十年的变化速率尤其证明了这一点。这个“压缩性”是“黑白渐变模式”难以呈现和解释的。

其二，“黑白渐变模式”擅长从记忆、人的日常行为去揭示乡村

---

① Andrew Kipnis（任柯安）：《从乡到城：一个中国县城的社会转型》，第13页。图1－3亦出自该书。

② “压缩型发展”（compressibility）是当代学界讨论后发国家发展特点的一个常用概念。

传统的连续性，却盲视一个事实：这个传统在百年前曾是一种**系统性存在**，现在则沦为**碎片化存在**。百年前乡村传统的系统化存在奠基于农耕社会特定的生产生活方式，这种生产生活方式在今天正沦为陈迹；百年前乡村传统文明展现为符号意义明确的叙事、行为、时序和空间象征系统，而这套系统在今天人们的记忆、日常行为以及认知中已高度“脱域化”“空壳化”了，丧失了鲜活的象征意义。这一切都是所谓“黑白渐变模式”难以呈现和解释的。

总体而言，“黑白渐变模式”过高估计了我国乡村传统在百年巨变中表现出的韧性，遮蔽了我国传统乡村与现代乡村在发展逻辑上出现的巨大断裂。

传统乡村的演化逻辑：在农耕社会的数千年里，我国数以百万计的村落虽在不同地域呈现出不同特色，但其生产生活形式和精神世界总体上都像生物有机体演化那样缓慢变化着，其缓慢程度通常是“三代人的记忆”难以觉察的，为此可以将这个渐变逻辑称为“**有机体自然演化的逻辑**”,[①] 它不仅适用于我国古代的乡村，也适用于那时的城镇。

现代乡村的发展逻辑：在过去百年尤其是近几十年，越来越多的乡村已很难按照生物有机体演化的逻辑来发展，它们日益受到“**功能性—模块化—嵌入式的空间生产逻辑**”的支配，这种结构置换逻辑原本属于 GDP 崇拜的功能主义城市，它不太考虑一个地区历史文脉的连续性，因而在本质上是“反时间”的。如今，这种“**反时间的结构置换逻辑**”正在覆盖越来越广大的乡村区域。拜此逻辑所赐，今日乡村

① 邱泽奇在《乡村振兴与城乡关系再探索：人口生计何以可转换?》一文中指出，“自然演化的城乡关系在 1949 年前后被打破”。这里所谓“自然演化的城乡关系”就是本书关注的“传统乡村的演化逻辑”。载《社会发展研究》，2020 年第 4 期。

所面临的挑战已不只是某些乡村人群的“扎根—拔根”问题，更是数以百万计的旧日村落的“扎根—拔根”问题。①

以上城镇化数据直观展示了我国乡村出现的“数千年未有的百年巨变”。需要说明，改革开放后的高速率城镇化固然是引发我国现当代乡村巨变的重大促因，但绝不意味着我国乡村的巨变是从 1978 年以后才开始的。应该看到，高速率城镇化所带来的种种巨变，如自然村落数目的锐减、人口结构的改变以及人们生计方式的变化等，大都表现着传统乡村文明在外显层面上的变化，而其内隐层面的意义世界其实早在 1978 年以前，甚至早在 1949 年以前的半个世纪，就已在频繁的政治动荡和政治革命冲击下进入了全面的“内涵性解体”。这个意义世界才是传统乡村文明的“**魂魄**”所在。

---

① 参见卢晖临、粟后发：《迈向扎根的城镇化——以浏阳为个案》，《开放时代》，2021 年第 4 期。该文探讨了“西方城市化的‘拔根’过程”，在此背景下重新探讨了费孝通的“小城镇模式：离土不离乡”。然而，我国乡村目前面临的严峻现实不仅是乡村人口的“拔根”问题，更是村落本身的“拔根”问题。

第二章

C H A P T E R 2

“乡土中国”：对传统乡村文明的范式解读

从文明变迁角度探讨我国乡村的百年巨变，有必要把具有范式含义的“传统乡村文明”设定为理论起点，但在对这个起点范式展开讨论之前，有必要先澄清一下“文明”一词在本书中的含义。

一、“文明”（civilization）的几种用法

要解读传统乡村文明，或者将“乡土中国”解读为一种“文明范式”，先须界定“文明”概念。我们知道，无论在汉语中还是在西语中，“文明”与“文化”都是高度相近而又不同的东西。

从相近的方面来看，“文化”和“文明”都作为一个考古学或历史学的整体叙事单位来表述某时期某地域人群的物质和精神成果的总和，如史前考古学有“尼安德特文化”“良渚文化”“仰韶文化”等说法，

历史哲学家如汤因比、雅斯贝尔斯等也可以有“古代埃及文明”“苏美尔文明”“古代中国文明”等表述。[①] 正是承续他们的用法，20 世纪 90 年代哈佛政治学大师亨廷顿一一审视了当代诸如“西方文明”“伊斯兰文明”“中国文明”“印度文明”“东正教文明”等概念，提出他的“文明冲突”理论。他像汤因比一样认为，“文明”作为叙事单位通常大于“国别性文化”：“文明是最大的‘我们’，在所归属的文明中我们在文化上感到安逸，它使我们区别于所有在它之外的‘各个它们’。……大多数文明包含一个以上国家或其他政治实体。在现代世界，大多数文明包括两个或两个以上的国家。”[②] 由于“文明”或“文化”通常用来表示“某些”历史叙事整体，因此法国年鉴派大师布罗代尔指出，它们在西语中通常会以复数形式存在，即写作 civilizations 或 cultures。[③] 一般来说，在城市或国家出现之后的历史叙事里，“文化”和“文明”两个词是可以互换的，譬如将“苏美尔文明”替换为“苏美尔文化”、“玛雅文明”替换为“玛雅文化”都是没什么问题的。

但在 18 世纪启蒙运动以后的德国和法国，不少思想家倾向于将“文明”（civilization）与“文化”（culture）两个概念区别使用。布罗代尔说道，“就我们所知，civilization（文明）首先出现在 1766 年的一本出版物里。……从产生之时起，它指的是一种关于思想、技术、道德和社会进步的世俗理想。‘文明’就是‘启蒙’。‘文明’越在地球上普及，人们越能看到战争、奴役、征服和苦难的消失”。显然，这

① 参见汤因比：《历史研究》，曹未风等译，上海人民出版社 1986 年版，第 43 页、85—98 页。

② 参见塞缪尔·亨廷顿：《文明的冲突与世界秩序的重建》，周琪等译，新华出版社 2002 年版，第 26—28 页。

③ 参见费尔南·布罗代尔：《论历史》，刘北成、周立红译，北京大学出版社 2008 年版，第 201 页。

里的“文明”主要是指基于理性科学之上的物质成就和精神成果，它因此成为“野蛮”“蒙昧”的反义词，成为当时崇尚理性进步论的法国思想家钟爱的语汇。[①] 相形之下，德国学者所青睐的则是“文化”（culture），在保留其与“文明”相近的“进步”含义的同时，德国人更强调这个概念的精神和价值培养层面的含义。布罗代尔说，德国人习惯于将精神（geist）与自然（natur）对立起来，因此他们将人作用于自然的客观手段归结为“文明”，而将人的精神、价值和理想等归于“文化”。譬如托马斯·曼说过，“当文明意味着机械化时，文化就是真正的精神性”“今天的人们应当提防文明摧毁文化，提防技术摧毁人”。当初，德国历史哲学家斯宾格勒也正是在这个意义上说，“文化僵化了，它死了，它的生命之血流尽了，它的力量崩溃了，于是它变成了文明”。[②] 一言以蔽之，文明是死了的文化，文化是活着的文明。

其实，上述思想家对“文明”与“文化”的不同用法只是某种选择性的偏好。深受人类学影响的布罗代尔认为，“文明”从根本上说就是“一个空间”或“一个场所”中的“各种各样的‘财产’，即体现了文化一致性的房屋样式及其建筑材料和屋顶形状，到诸如弓箭制作技术、方言、饮食口味、特殊技能、信仰结构、性交方式，甚至指南针、纸、印刷术等等文化特征”。[③] 然而，从静态共时性角度，通过罗列要素的方式来界定“文明”，这是有问题的。因为它只是从“名词”的意义来解读文明，而没有从“动词”的角度来解读文明。如果从后者出发，人们就会关注“文明之所以为文明”的心灵或精神动力学结构，会关注与之相关的“意义世界”“心灵秩序”对世代人群的内生性塑造

① 参见布罗代尔：《论历史》，第200—201页。
② 同上书，第210页，另可参见第203页。
③ 同上书，第226页。

功能，总之会把注意力引向“文明”概念的**内隐层面**。正是特定地区世居人群长期积淀而成、生活于其中、通过教化得以传承的意义世界支撑着人们关于“良序社会”和“善好生活”的想象，涵养着世代人群的情感信仰诉求，这类诉求涵盖人与家庭、人与祖先后代、人与社会国家、人与天地神等多个方面。许烺光在《祖荫下》一书中，通过对村民及宗教人士的访谈，结合乡村留存经书的总结，列出了传统乡村鉴定一个人及其灵魂好坏的标准，反映了过去乡村民众的价值观（见表2－1）。

表2－1　传统乡村规约礼俗中的好坏特征①

品质	行为
A. 好的品质、孝顺博爱 ＊忠贞（尤指女人守寡后不再改嫁）；勤俭；交往诚实；与街坊邻居及村民和睦相处；与同宗同族成员和睦相处；铭记“天、地、君、亲、师”，奉行“忠、孝、仁、爱、礼、义、廉、耻” ＊遵循三从（未嫁从父，既嫁从夫，夫死从子）、四德（妇德、妇言、妇容、妇功）	B. 好的行为 ＊孝敬父母，并与兄弟们和睦相处；尊敬老人，乐于助人，敬神尊师 ＊尊敬丈夫，侍奉公婆 ＊与姑嫂和睦相处，参加修建公共桥梁、道路，兴建学校，诵经文、释圣书予愚昧无知者，传道德故事予公众，加入宗教组织，请和尚司祭，守性禁忌日
C. 坏的品质、放荡不羁	D. 坏的行为 ＊不同宗教和教派之间互相妒忌，互相争斗 ＊男女同校 ＊离异 ＊勾引男人，通奸；违乱章法；谋杀、纵火以及其他侵害无辜者的行为；谋反；做媒谋利；经营赌窟；奢侈 ＊念经修身心不净；没有“言语道德”（即恶意中伤他人）；拒绝帮助危难中的人，或惹恼他人，或见别人危难时，自己袖手旁观；出家人贪吃喝，喜酒色

① 参见许烺光：《祖荫下：中国乡村的亲属、人格与社会流动》，第126页。

然后才是**外显的层面**。在此，意义世界体现为制度性的伦理规约、周期性的祭祀仪轨和场合性的礼仪风俗，以及具有象征意义的建筑设施和空间格局等。[①] 这种融合了人与时间和空间的关系、融合了可见与不可见系统的历史构成物具有稳定持久的教化复制功能。**教化是文明对未来人群内生的精神取向和自律的行为方式的再生产**，它通过对后世人群的心灵复制塑形他们的共同教养和行为规范。德国学者伽德默尔认为，"教化"（die bildung）是传统人文学的核心概念，它是形成传统的最重要支柱。

我们正是根据以上理解来看待作为中国传统文明之重要组成部分的传统乡村文明的。它是与数千年农耕社会生产生活方式相适应的、通过教化得到代际传承的意义世界及其外化表现。近现代不少研究者对此进行了大量描述概括，本书高度关注上世纪 20、30 年代一批声气相关、立场不同的研究者的理论成果，如乡村建设运动的领军人物陶行知、晏阳初和梁漱溟等，中国共产党农民运动的发起人彭湃、毛泽东、夏明翰和萧楚女等，30 年代后兴起的中国乡村社会学大家费孝通、林耀华、许烺光、杨庆堃等。这些人大多属于社会学或人类学所说的"局内人"——当时他们所面对的传统乡村文明尚保存完整，不少人早年就实实在在地生活于其中。而且，由于人类学和社会学在那个时期进入中国，不少研究者对传统乡村文明的认识有着丰富科学的田野调查依据，他们开创了自觉认识、科学认识和彻底改造传统乡村

---

① 参见麻国庆：《乡村振兴中文化主体性的多重面向》，《求索》，2019 年第 2 期。该文第一部分"文化主体性内涵解构图示"清晰完整地展示出"乡村文化生态"的互动性构成要素。此外，渠岩在《民族艺术》2020 年第 3 期撰文《艺术乡建：中国乡村建设的第三条路径》，对"青田范式"的九类设施进行了功能性的归纳，它们涵盖了人与灵魂的关系、人与圣贤的关系、人与神的关系、人与环境的关系、人与人的关系、人与家的关系、人与农作的关系、人与物的关系、人与富裕的关系等。

文明的先河。

二、“乡土中国”文明范式的基本特征

我国传统乡村文明源远流长，内涵丰富，在不同地区和不同时代形态各异，但这并不妨碍上述研究者从各自视角对这个文明的硬核层面原理进行概括，其重要文献包括毛泽东编纂的《农民问题丛刊》(1926年)收入的农民问题调研文章、梁漱溟的著作《乡村建设理论》(1937年)、晏阳初发表的《农村建设要义》(1938年)演讲以及林耀华的小说体人类学报告《金翼》(1944年)等等。从实然描述的角度来看，我们认为早年一度参与梁漱溟邹平乡村建设的费孝通在上世纪40年代提出的“乡土中国”概念对于解读我国传统乡村文明具有描述性的范式价值。本书结合其他研究者的成果，将这个范式简单归结为五个方面。

(一)“以农为本”的生存方式与“安土重迁”的地方性意识

晏阳初指出，中国是个“以农为本”、具有强烈一家一户自然经济色彩的社会，古人所谓“日出而作，日落而息，凿井而饮，耕作而食，帝力于我何有哉”概括了这种文明的全部精髓。[1]“以农为本”的概括在费孝通的《乡土中国》中的表述为“以农为生”，他开篇提到中国人的“土气”：他们“与泥土分不开”，“明白土地的可贵”，即

① 晏阳初：《农村建设要义》，载晏阳初《平民教育与乡村建设运动》，商务印书馆2017年版，第245页。晏阳初在这里特别强调：“中国的政治基础在农村。中国的基础政治，应当是农村政治，不把这个基础抓住，仅仅做一点表面工作，政治是不会上轨道的。”

使到了最适宜放牧的草原上，也要"一家家划着小小的一方地，种植起来"。总之，泥土和耕作在传统乡村一直占据着极为重要的地位。虽然集市交易、外出经商在乡村也是长久存在的"分业"，但"以地为本"、"以农为本"和"以商为末"的本末观长久支配着人们的思想。①

"以农为本"的生计方式塑造了乡村人口对土地依附依恋的情感，为此费孝通在《江村经济》中专门论述了"土地的非经济价值"：占有土地会给农民带来"安全感"，使农民"对土地产生个人感情"。保守住"从父亲那里继承来的土地"是孝义所在。② 对土地的深厚依附依恋情感塑造了乡民强烈的"安土重迁"意识，费孝通说："乡村里的人口似乎是附着在土上的，一代一代的下去，不太有变动。……以农为生的人世代定居是常态，迁移是变态。"赵冈在《中国城市发展史论集》也谈到："中国人常说农民安土重迁，但这是一种心理状态，而不是一种制度。农民很少迁移，不是他们不可以迁移，而是他们不愿意迁移。"③ 他接下来指出，大规模"流民"在中国历史上是反常状态。④ 确实，直到不久之前，"流民"或"盲流"在我国基本上是贬义词。地方性意识是乡村人群"地方性记忆"的形成基础，构成了我国传统乡村的典型特征。

---

① 参见费孝通：《乡土中国》，北京大学出版社 2012 年版，第 9—10 页。费孝通在"乡土本色"一节开篇议论说："从基层上看，中国社会是乡土性的。我说中国社会的基层是乡土性的，那是因为我考虑到从这基层上曾长出一层比较上和乡土基层不完全相同的社会。"

② 参见费孝通：《江村经济》，北京大学出版社 2012 年版，第 163 页。林耀华在《金翼：中国家族制度的社会学研究》一书中也谈到土地传承的重要性价值。有趣的是，法国学者孟德拉斯在《农民的终结》一书中也谈到了与之非常类似的情感。参见孟德拉斯《农民的终结》，李培林译，社会科学文献出版社 2010 年版，第 42—43 页。

③ 赵冈：《中国城市发展史论集》，第 19 页。

④ 同上书，第 21 页。

（二）由“血缘亲属共同体+街坊邻人共同体”构成的熟人社会

费孝通在《江村经济》、《乡土中国》和《生育制度》等著作中都表达了这样的看法：特定地缘环境中世代而居的人首先是以系于特定血缘血脉的“家庭—家族（大家庭）”为基本共同体单位的，“地缘”与“血缘”的关系犹如土地和大树根系：“在稳定的社会中，地缘不过是血缘的投影，不分离的。‘生于斯，死于斯’把人和地的因缘固定了。生，也就是血，决定了他的地。世代间人口的繁殖，像一个根上长出的树苗，在地域上靠近一伙。地域上的靠近可以是血缘上亲疏的一种反映。”[①] 在1953年出版的英文本《中国士绅——城乡关系论集》一书中，费孝通更是对“根”的隐喻给出了极为生动的描述：“在我的老家，农村孩子最常见的名字是‘阿根’。人也有根，个人不过是根上长出的树叶，生命之树的茂盛有赖于根。对于人来讲，根是他从中获得生长资料和教育文化的社会：小之一家一村，大之一乡一国。这些根类似于李林赛尔（Lilienthal）所指的美国生活中的‘草根’。从社会的角度看，无论是人还是植物，取之于一地的必须回之于一地。”[②] 与之类似，林耀华在《金翼》一书中提到了“土地”与“根”的密切关系，“占有土地的人被乡里人称为‘根的占有者’，……‘根’这个字显然是意味着那一部分生长庄稼的土地”。[③] 萧公权也说：“像大树的枝杈，宗族的不同世系群是从祖先的‘主干’

---

① 费孝通：《乡土中国》，第116页。书中的章节标题是“地缘和血缘”。这里或可看到德国社会学家滕尼斯的影响，他在1887年的著作《共同体与社会》中强调，“地缘”和“血缘”是原始的或自然的共同体的最重要特征。本书第七章对此有专门探讨。

② 费孝通：《中国士绅——城乡关系论集》，赵旭东等译，外语教学与研究出版社2011年版，第159页。

③ 林耀华：《金翼：中国家族制度的社会学研究》，第12页、60—61页。

分枝而来的。”①

乡村“血缘亲属共同体”的“根系”隐喻具有鲜明的父权制内涵，费孝通在《江村经济》中把“父子亲属关系”列为亲属关系的骨干，并绘制了五代以内的“父系关系图”（见图2－1）。② 许烺光在对喜洲镇的考察中也指出：“亲属关系以父系为根本，其中最主要的亲属关系是父子关系。……所有其他的亲属关系（如母子关系、夫妻关系、兄弟关系、叔侄关系等）都可以看成是父子关系的延伸和补

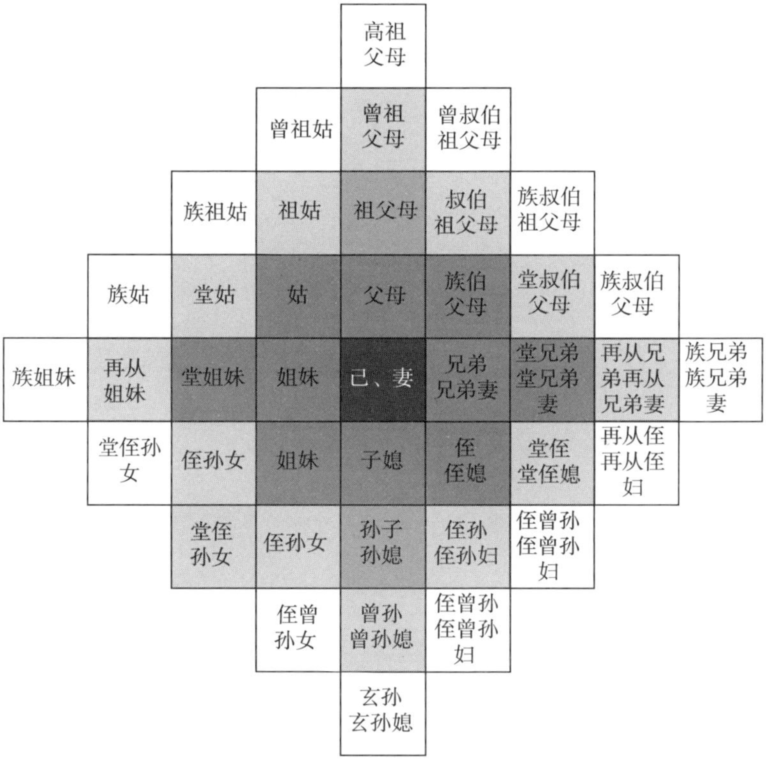

图2－1　根系型的家谱、族谱图形

① 萧公权：《中国乡村：19世纪的帝国控制》，张皓等译，九州出版社2021年版。该书第387页写道：“从始祖分出来的各房，就像榕树的分枝一样，围绕着主干落地生根。”

② 参见费孝通：《江村经济》，第76页。

充。”[①] 这种父系权力在家庭生产、财产关系、院落居室安排、祭祀仪式、家谱族谱以及墓地格局等方面都有明显的表现。

家庭和家族是构成村落的基本单位。然而，正如萧公权所说，中国的乡村有“单族乡村”和“多族乡村”之别：“在华南省区，‘单族乡村’更为普遍。……在华北，很少见到单族乡村，那里的乡村常常是‘一群家庭所组成。而非一个宗族’所组成。”[②]

在共同土地上生存的不仅有血缘亲属共同体，还有由左邻右舍、附近村庄的熟人构成的非血缘的“街坊邻人共同体”，它在乡村的基本单位是自然村落，[③] 而围绕着集市或集镇而形成的十数个村落则构成了“熟人社会”的基本范围。[④] 萧公权的《中国乡村》以及施坚雅的《中华帝国晚期的城市》都专章论述了介于村落和城市之间的“市集”或“集镇”（或曰“墟”“场”），它是数十个村子围绕的定期开场的交易中心。[⑤] 每个集镇周边的村落构成了乡村熟人社会的常规范围，许多婚姻是在这个熟人圈子里发生的，这一“街坊邻人共同体”也可以被视为潜在的“血缘亲属共同体”。

“父系祖先”或“地方籍贯”表达了时间意义的“**根系式传承**

---

① 许烺光：《祖荫下：中国乡村的亲属、人格与社会流动》，第 49 页。括号内文字是笔者对上下文内容的概括。

② 萧公权：《中国乡村：19 世纪的帝国控制》，第 387 页。

③ 费孝通在《江村经济》中专论“邻里”说：“邻里是若干‘家’联合在一起形成的较大的地域群体。……人们住在一起，或相互为邻这个事实，产生了对政治、经济、宗教和娱乐等各种组织的需要。”参见该书第 89 页。

④ 围绕着某个集镇的十几个村落是熟人社会的一般范围。参见费孝通《江村经济》，第 101 页。

⑤ 萧公权在《中国乡村：19 世纪的帝国控制》第 12 页对村庄、集市和集镇进行了区分，指出：“中国乡村的居民大都集中生活在大小不同、形式不同的聚居村落（村或庄）、乡间集市（市、集、场等）和城镇（镇）里。”“村庄是组成中国乡村社会生活的基本单位。”在第 27 页“市集与城镇”中，他对“市”、“集”、“场”或“墟”作了细致的研究。另外，费孝通《江村经济》第六章“户与村”提到，数十个村庄依赖于一个（集）镇。

格局”，[①] 而宗族或家族的血缘亲属与村落邻里熟人的远近关系形成了空间意义的“**差序格局**”，它们是传统乡村文明形成的伦理根源，构成了费孝通所说的“熟人社会”的基本生态。

（三）“乡贤”承担的地方教化体系与地方行政体系

文明通过教化实现对未来人口的精神再生产。在传统乡村中，承担教化责任的主体是梁漱溟所说的“士人”，费孝通所说的“长老”“士绅”或张仲礼所说的“绅士”，他们构成了在乡村社会承担教化功能的所谓“乡贤”。上世纪30年代起人类学家开始关注对我国“绅权”的研究，50年代出现了一个小高潮，1953年美国人类学家雷德菲尔德教授的夫人将费孝通部分英语口述资料和文稿结集成册，以《中国士绅——城乡关系论集》为题在芝加哥大学出版社出版。两年后，张仲礼在华盛顿大学出版社出版《中国绅士：关于其在19世纪中国社会中作用的研究》（简称《中国绅士》）。[②]

从阶层构成来看，费孝通认为士绅主要包括经济地主、致仕官僚及其亲属等。张仲礼在《中国绅士》中参照家族制度、科举制度和官员致仕制度等对乡村绅士阶层的多重来源和基本功能（包括征缴税赋）进行了更加细致入微的分析考证，指出士绅不仅包括致仕还乡的官员，还包括取得初级功名未能做官的书生、乡间书院私塾的先生以及寺庙中有文化的和尚等，他们在地方事务和家族事务中通常具有一定威望和决策权。[③]

---

① 参见萧公权：《中国乡村：19世纪的帝国控制》，第64页。

② 该书中文版参见张仲礼：《中国绅士：关于其在19世纪中国社会中作用的研究》，李荣昌译，上海社会科学院出版社1991年版。

③ 参见费孝通：《中国士绅——城乡关系论集》，第二章。

从阶层的功能来看，费孝通认为士绅具有两大功能。一个是政治治理的功能：以士绅为主体的“绅权”构成了基层地方自治的权力系统，它与代表国家权力的“皇权”是互为补充的两大系统。皇权是“横暴权力”,[1] 其运行方式“自上而下”，但该系统的下层边缘至县（官）为止；[2] 乡镇、村落和宗族等县以下的社会则主要受“以士绅阶层作为管事的”的绅权的支配，其运作方式“自下而上”，即“由士绅的从政的或不从政的亲属或参加同批科考的朋友”来向上传递下情。[3] 另一个是乡村基层的教化功能：士绅是中国传统知识阶层的重要组成部分，但这里所谓知识，费孝通特别强调说，通常不是“自然知识”或“技术知识”，而是关于“正确的行为如何构成”的“规范知识”。这套规范知识包括祖先信念、宗教信仰、家庭社会伦理、禁忌礼俗、年节仪式规则等多方面内容，对这套知识的传播构成了“长老”“绅士”[4] 等

---

① 参见费孝通《乡土中国》的“长老统治”。“横暴权力”论述见该书第107页。

② 萧公权在《中国乡村：19世纪的帝国控制》中论及中国古代“皇权以县为边缘”的问题时谈到，这种状况与当时的治理技术手段落后有关。“全国大约有1500名各种类型的州县官，每名官员要管辖10万名（根据1749年的官方统计数字计算）或25万名（根据1819年的官方统计数字计算）居民。由于职责规定的广泛而模糊，知县的负担过重，即使他有意愿或能力，也没有时间或条件允许他把任何一项事务做好。……因此，无论是什么样的地方性辅助组织，只要看起来有利于基层统治，就会加以利用。”见该书第5—6页。麦克法夸尔、费正清主编的《剑桥中华人民共和国史》（上卷，谢亮生等译，中国社会科学出版社2018年版）也持有类似的看法：“当中国的人口从汉代的6000万增至20世纪初的4亿时，县的数字却没有相应地增加。……结果是一般的县的人口从汉代约4万人膨胀到晚清的25万人左右。由于在县令身上体现出来的朝廷权力高居于地方之上，朝廷必须使用一些方法促进人民一定程度的‘自治’。”见该书第37页。由此可见，“绅权”作为一定程度的自治权力实在出于不得已。

③ 参见费孝通：《中国士绅——城乡关系论集》，第99页。

④ 费孝通《中国士绅——城乡关系论集》第三章“士绅与技术知识”中将知识分为两类：“一是知道物质世界的特征，即自然知识；二是知道正确的知识如何构成，即规范知识。儒家作品中的‘知’指的是第二类，孔子甚至认为，懂得规范知识的人不必有自然知识，实际上他自己就代表了那种‘四体不勤，五谷不分’的人。”见该书第73页。萧公权在《中国乡村：19世纪的帝国控制》谈到“老民与老农”，许烺光在《祖荫下：中国乡村的亲属、人格与社会流动》也有“敬老”。“长老”在汉代还是个基层官职，如汉代里吏官职便有“父老”一名，更高一层的乡吏则有“三老”（即德行服众、负责教化的长者）官职。

所实施的"教化权力"，即教导一代代乡民熟悉乃至同意"一个完全由传统所规定下的社会生活"。①

一般而言，皇权为主，绅权为辅，但由于绅权植根于民间社会基层，因此有当代学者认为，皇权成为一种"悬浮式国家"。然而萧公权的研究表明，中国乡村传统治理体系并不是简单的"悬浮式"模式。士绅阶层虽具有较强的自治地位，但在中国大部分历史时期并未脱离地方行政统治。他在《中国乡村》一书中指出，先秦以来历代王朝并未放弃将行政体系推广到乡村基层，"保甲"制度就是其代表。这种制度以村庄的家庭单位（户）为管理对象，汉代即有五家为"伍"、十家为"什"、百家为"里"之说。唐代设"里正"、"坊正"和"村正"，其任务是"按比户口、课植农桑、检查非违、催驱赋役"。保甲制重在维护地方治安，同时兼有人口普查、缴纳税赋等日常行政功能。北宋王安石首先使用"保甲"一名，明代大儒王阳明则以大力推行保甲制而著称。值得注意的是，保甲制度以"户"为基本管理对象，它契合我国古代以家庭为基本单位的宗法制度。由此可说，保甲制是中国乡村行政统治从"**悬浮式**"变为"**渗透式**"的重要尝试。

此外，保甲行政系统与乡村教化系统也不是二合一的。萧公权指出，保甲负责人并非正式官员，他们来源于乡村中的普通人而非绅士乡贤阶层："清朝统治者虽然在政策上给予缙绅和士子（即未来的缙绅）特殊照顾，在保甲体系中给予一定的豁免权，但是又规定他们必须受保甲组织的控制，……实际上把他们排除于保甲组织的领导集团之外。……绅士由于有文化，在家乡地区享有威望，的确常常成为乡

① 参见费孝通：《乡土中国》，第110页。

村中具有绝对影响的中心人物。这种情况使得统治者更加认为应对他们提高警觉。”[①] 而费孝通也指出，“绅士”更多是国家行政权力的“仆人”。这里明显可以看到，农耕社会的中国便存在着如何处理好行政与教化两套系统关系的问题。统治者希望以行政系统制约教化系统，但现实中却是教化系统一方面服务于行政系统，另一方面又总存在着独立于行政系统的倾向。无论怎样，乡村层面的行政首脑和教化领袖发挥着重要的作用。

（四）国家大传统与地方小传统信仰交汇融合的乡村意义世界

我国传统乡村在权力层面存在着“皇权与绅权”的互动，在意义世界层面则存在着国家大传统与地方小传统的交融、国家化叙事与地方性叙事的交融，“长老”或“绅士”组成的乡贤阶层则是实现这种交融的基本主体。

国家的大传统文化主要指以“克己复礼”或“壹是皆以修身为本”为核心的儒家观念，萧公权在《中国乡村：19世纪的帝国控制》中分节论述说，绅士阶层通过科举、书院、社学乡学和义学、朝廷谕令和乡约讲授等方式将国家主流意识灌输到乡村民间。但除了国家大传统叙事，各地乡村还有其独具特色的地方性教化传承方式。费孝通说：“熟悉的地方可以包括极长时间的人与土的混合。祖先们在这地方混熟了，他们的经验也必然就是子孙们会得到的经验。时间的悠久是从谱系上说的，从每个人可能得到的经验说的，却是同一方式的反复重演”。[②] 对于这种地方性记忆，费孝通列举了地方戏剧。施坚雅将

① 萧公权：《中国乡村：19世纪的帝国控制》，第86页。
② 费孝通：《乡土中国》，第33页。

这种主流传统与地方性记忆的混合纳入"大传统与小传统关系"论述。他在《中华帝国晚期的城市》中提到，科考出身的士大夫和经过科举训练的地方绅士是儒家思想"大传统"的传播者，但这些人也参与着地方性"小传统"的建设；这个小传统不仅活跃在地方层级的书院，更有各地"手艺人、僧道、抄胥、讼师、风水先生"的积极参与，他们一道参与着各地特有的迷信、礼俗和记忆史的塑造（见表2-2）。费孝通在《江村经济》中提到的"刘皇崇拜"便是一个例子。①

表2-2　大传统与小传统关系

大传统（皇权—国家叙事）	科举上层	官员	国史
小传统（绅权—地方叙事）	科举下层	致仕官员 僧道算命	方志 族谱 家谱

从群体记忆角度看，在作为我们这个"史国"的三大支柱即国朝正史、方志和谱牒中，国朝正史是国家化叙事，方志、谱牒等则是明显的地方性叙事，它们是地方性的记忆刻度体系，该体系中的每个节点都具有重要的伦理教化意义。一个有来历的家族一定是有族谱记录的家族，一个有来历的村落或地区也一定是有自己的"方志"的。更为重要的是，谱牒、方志等构成了"传统意义的传统"② 的原型——它们是根系性的、血缘性的和伦理性的存在。总之，儒家伦理代表的大传统与地方性信仰和记忆代表的小传统构成了中国传统乡村文明在内隐层面上的意义世界。

① 费孝通：《江村经济》，第93页。

② "传统意义的传统"是笔者提出的概念，参见李河《传统：重复那不可重复之物》，《求是学刊》，2017年第5期。"传统意义的传统"区别于霍布斯鲍姆的"被发明的传统"。

（五）乡村意义世界的外化：规约礼俗、计时系统与设施空间

乡村内隐的意义世界具有多层面的外化表达。它在教化意义上首先体现为规约礼俗，这些规约礼俗确定了人们“**信与不信**”“**应当与不应当**”的基本准则，构成了代际传承的内心信仰、伦理秩序和行为规范。规约礼俗或是以文本形式得到传承，世居大户的家谱族谱或家训族规，不少村落的村规民约都属此类；或是以言传身教的方式得到传承，新一代人在交往环境中耳濡目染、浸染成习。

除了规约礼俗，费孝通特别提到与乡村特定“计时系统”相关的节日仪轨对群体信仰和伦理规范的代际传承具有极为重要的作用。

在《江村经济》中，费孝通单独列出“计时系统”一节考察乡村一年内周期性的固定时间节点对经济生活、社会活动和宗教祭祀活动的影响，专门探讨了阳历、阴历和二十四节气三种历法，并强调在乡村“传统的阴历最广泛地使用在记忆动感情的事件以及接洽实际事务等场合”，而这种在历书中标注对应生产生活和祭祀事务的主要文本是民间流行的黄历，① 其重要功能是法国学者德勒兹所说的“重复”（repetition），这是传统乡村的意义世界通过教化变为人的内在教养的重要方式（见图2－2）。参照林耀华《金翼》中“村里的节日”、许烺光《祖荫下》中提供的“祭祀年表”以及杨庆堃《中国社会中的宗教》中“传统节日对社区的重要意义”等文献，我们可以从传统历书中归纳出三种重要的时间节点含义。

其一，传统历书规定着一些**固定活动**的重要时间节点。这类节点既包括“农时节气”，更包括具有教化意义的宗教祭祀和娱乐节日，

① 参见费孝通《乡土中国》第九章“劳作日程”。引文出自该书第134页。

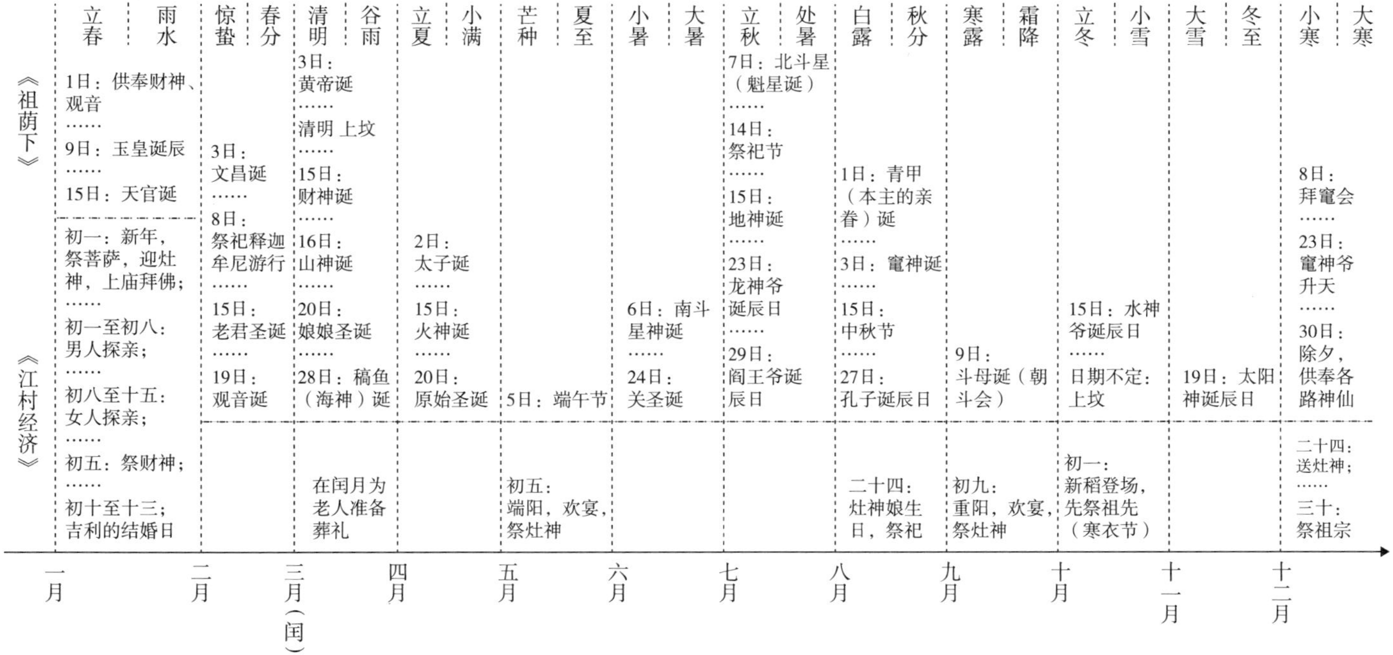

图2-2 教化重复：具有宗教祭祀功能的计时系统①

① 整理自费孝通：《江村经济》，第137—138页；许烺光：《祖荫下：中国乡村的亲属、人格与社会流动》，第19页。

如除夕祭祖，大年初一迎灶神、拜菩萨，大年初五迎财神，清明节上坟等，它们对历书流行地区的人群普遍有效。

其二，传统历书还规定着一些**非固定活动**的时间节点。一般而言，人们的婚丧嫁娶、动土乔迁、开工经商等活动是随机发生的，在时间节点上有较大的可选择性，但传统历书依然以“吉/凶”“宜/忌”说法大体框定了相关活动的时间范围。

其三，传统历书通常约定了特殊区域人群的共同活动时刻。与此同时，一些家庭、家族或地区还在历书上标注出对自己来说**具有特殊意义的记忆时刻**，《祖荫下》就描述了云南喜洲镇当地每年农历七月全镇举行祖先祭祀的事例。[①]

所有这些由传统计时系统所规制的活动都需要相应的场地空间，因此，较为成熟的乡村都会有与特定“计时系统”相耦合的“象征空间系统”，院落布局、村落风水、寺庙戏台或空场等设施空间、道路坊巷格局以及命名系统等大都具有特定的符号规制含义。时间性的活动系统与空间性的象征符号系统具有内在转换联系。

所有这些仪式活动和象征性空间体系都通过“重复”和“暗示”实现着对一代代人群的心灵复制，在他们的记忆深处和情感深处留下模糊却深刻的印记。在美国现代宗教社会学家彼得·贝格尔在 1969 年出版的经典著作《神圣的帷幕：宗教社会学理论之要素》一书中，这种“重复”被表述为“提醒者制度”：“人总在忘却，因此必须一次次地提醒他们。事实上我们可以论证，建立文化的最古老和最重要的先决条件，就是设立这种**‘提醒者’的制度**，考虑到这些制度所要反对的人的‘健忘’特性，这种制度在若干个世纪之中的可敬畏性质就完

① 参见许烺光：《祖荫下：中国乡村的亲属、人格与社会流动》，第 164 页。

全符合逻辑了。宗教仪式一直是这种'提醒'过程中的关键手段。它一次又一次地向那些参与仪式的人呈现最高实在的基本含义及其适当的合理化论证。人们在历史上回溯越远，越会发现仪式活动中包含的宗教观念化内容。……意识活动（希腊人称其为 ergon，即 work 工作）一般由两方面构成：**不得不做的事**（dromena）和**不得不说的事**（legoumena）。举行仪式是与重复神圣程序（它一次次呈现神的名字和事迹）密切联系在一起的。"① 当代传统乡村文明正是以这种方式实现着对传统村民信仰情感、生产生活方式的再生产。面对一些西方学者认为中国思想传统缺乏"宗教向度"的说法，杨庆堃在《中国社会中的宗教》第十二章中指出，中国乡村虽然"制度性宗教"略显薄弱，但却在各个层面广泛存在着"弥漫性宗教"。这种宗教活动按照传统计时系统每年每月周而复始地"重复着"，它们对于生成乡村地方性伦理秩序和维系社会稳定具有重要意义。②

三、"乡土中国"文明范式的教化功能和"伦理本位"色彩

以上五点对"乡土中国"文明范式的概括远不全面，但大体可勾勒出这个文明的基本轮廓。这里有必要强调几点。

其一，"乡土中国"范式具有"准宗教"特性的精神内涵。以上列举的"乡土中国"的种种观念，无论是乡土观念、祖先意识、基于

---

① 彼得·贝格尔：《神圣的帷幕：宗教社会学理论之要素》，高师宁译，上海人民出版社 1991 年版，第 49—50 页。

② 参见许烺光《祖荫下：中国乡村的亲属、人格与社会流动》中的"祭祖节"，第 156—164 页。内有"三月上坟，七月祭祖"的描述。

血缘的宗法伦理，还是作为大传统的儒家思想，其功能不仅在于规约人在日常生活中面临的“应当/不应当”的行为选择，更重要的是建立起了人们对一个群体、一块土地和一个根系的归属认同信仰，这个信仰在大多数普通村民心目中具有“**了烦恼**”“**了生死**”的深层精神功能，使他们能够坦然面对生前死后之事，而这才是“传统意义上的传统”的深层要义所在，是“教化之所以为教化”的根本价值，也是“文明之所以为文明”的本质规定性所在。

其二，具有强大教化功能的“乡土中国”范式体现着浓厚的“伦理本位”特色。“伦理本位”是梁漱溟的概括，它的更准确含义是“以家为天然基本关系”的“家庭本位”。他指出：“家庭与宗族在中国人身上占极其重要位置，乃至亲戚、乡党亦为所重。习俗又以家庭骨肉之谊准推于其他，如师徒、东伙、邻右，社会上一切朋友，同侪，或比于父子之关系，或比于兄弟之关系，情谊益已重。……但有君臣间、官民间相互之伦理的义务，而不认识国家团体关系。又比国君于大宗子，称地方官为父母，**举国家政治**而亦家庭情谊化之。”① “举国家政治”是个精辟概括，它表明传统中国的生产组织秩序、邻里关系、官民等级、君臣伦理等都是“家伦理”的推广，也正是从这种以家喻国的“家伦理”“家政治”角度，梁漱溟解释传统国人为什么不太注重个体、不太注重团体、不太注重公共政治和社会团结、不太注重法治、不太注重国家，乃至不太注重超越性的宗教等等。

其三，“乡土中国”范式不仅适用于乡村，也适合于农耕时代的中国城市，换句话说，那个时代的城市都体现着浓厚的“乡村性”。当代有学者认为，农耕时代的中国是个“城市支配型社会”，即城市

① 梁漱溟：《乡村建设理论》，第26页。

尤其官府城市对乡村进行政治统治、经济盘剥的社会，这个判断一般来说没什么问题。但从深层文化的意义来看，传统中国的乡村对于城市或许更具有基础性和支配性的地位。晏阳初在《农村建设要义》一文中曾断言："中国的经济基础在乡村；中国的政治基础在乡村；（中国的）人的基础在乡村。"梁漱溟则更明确地指出："原来中国社会是以乡村为基础，并以乡村为主体的。所有文化多半是从乡村而来，又为乡村而设——法制、礼俗、工商业等莫不如是。"① 在同样的意义上，美国学者费正清把传统中国的大传统概括为"中国腹地的、占主导地位的农业—官僚体系"，并将其与边缘性—边陲性的"畜牧文化"和"沿海文化"区别开来，认为"中国之长久团结为一个国家，实赖于无处不在的乡村、血缘家族结构、人数不多的统治阶层、古典文献、官方语言、儒学以及皇权至上的社会等级制度"。②

进一步看，大量传统中国城市从形态和功能来看，一直保留着强烈的乡村特质。萧公权搜集材料对19世纪的中国城市进行了极为感性的刻画："尽管有城墙环绕以显尊荣，相当多的州城和县城仍保留着乡土气息。举例来说，19世纪60年代的直隶省定州，其情况如下：'城墙里没有什么吸引人的。围在城墙里的大多数土地仍然属于耕地，只是在城的中心才是繁荣地带。'江苏省的高邮州在1869年是一座'遍布耕地的广阔城市'。即使是南京，在1842年也远远不是严格的'都市'，一名英国官员这样说道：'南京城的外表真有点令人失望。被土墙围起来的空间，整整有4/5看起来就是一大片耕地，而不是我

① 梁漱溟：《乡村建设理论》，第10页。

② 费正清主编：《剑桥中华民国史》（第一部），章建刚等译，上海人民出版社1991年版，第13页。费正清明确指出，"中华"包括"腹地的、占主导地位的农耕秩序"，也包括"边缘的、次要的"畜牧传统、沿海传统。见该书第10—14页。

们所期望看到的人口稠密的建筑群'。"①

从以上论述来看，我国绵延数千年的农耕社会所特有的“乡村性”其实是覆盖包括城市在内的所有区域的，在这个意义上，这个农耕社会就是**“乡村支配型社会”**。

四、存续还是解体？——“乡土中国”文明范式的百年之问

以上简单勾勒了以“乡土中国”为范式的传统乡村文明。现在的问题是：应当如何看待这种传统乡村文明？对此一向存在着“进步论”与“乡土派”的争论。

进步论者认为，伴随经济基础和社会制度的变迁，伴随现代化和城镇化的发展，传统乡村文明的消逝理所当然，不必惋惜。他们在理论和政策实践中往往扮演着传统文化破坏者的角色，对现代文明建构层面的文化工作缺乏由衷热情，多是虚应其事。与之对立，怀有浓厚乡土情结的人则认为，我们民族的历史不仅书写于经史子集的大传统文本中，更是具象地刻印在以渔樵耕读为理想的传统乡村文明中，那是我们文化认同和文化情感之本。书斋里的乡土派喜谈“乡愁”，对日渐凋残的传统乡村充满牧歌式的审美想象并悲悼它的消逝；也有一批行走于田野的“重建派”或“复兴派”，认为传统乡村文明应当“为争取承认而斗争”，现代乡村建设的理想应是传统乡村文明的重建或复兴。这一派人尽管在发展理念上占据着道义优势，却在实践中常常碰壁。一个重要原因在于，今日乡村在整体上已不是百年前传统乡

① 萧公权：《中国乡村：19世纪的帝国控制》，第11页注释。

村文明的自然存续，毋宁说是百年以来传统乡村文明快速解体进程的延续。因此，"如何看待传统乡村文明"的问题，同时就是"如何看待传统乡村文明解体"的问题。为此有必要认真回顾传统乡村文明百年来的解体过程和基本动因。下面，本书就按照前述旧文明解体和新文明建构的四个阶段展开论述。

第三章

C H A P T E R 3

改良与革命：

传统乡村文明初现解体阶段

本阶段大体是指从清末民初到1949年以前的时期。

设想一种系统性存在的传统乡村文明要回到百年以前，因为那时我国“乡土中国”范式尽管已在多方面受到“西风”的荡涤，但其魂魄尚在，格局尚在，骨架大体得到保持。然而，也正是从那个时候开始，这种数千年积淀而成的传统乡村文明在我国多个地区出现不同程度的解体。

将百年前乡村文明的研究文献与今天的对比阅读会有一个强烈的印象：**百年前的主流声音是对传统乡村文明的批判，现代的主流声音则是“对批判的批判”**。现代人怀念传统乡村的家庭构成、血缘亲属关系以及在此基础上形成的信仰、信用、礼俗等，认为这些元素是中国何以为中国、中国人何以为中国人的特性所在，应当珍惜。但令人怀念的东西大多是百年前几代仁人志士痛心疾首予以批判的。由此凸显出一种“**历史视域冲突**”：当代致力于传统乡村文明复兴的人对于那个文明而言已经成为“局外人”，他们所珍视的文明已经不是他们生活于其中的世界。当旧日世界变成遗产，它自身原本具有的愚昧丑恶也化为无形，甚至关于愚昧丑恶的记忆也淡化消亡。那消逝的文明或文化元素反过来倒会日益呈现出一种作为文物的稀缺性价值、作为民族情感记忆的文化心理价值以及超越切身利害的审美价值。一旦受缚于这种“局外人”意识，人们就无从想象百年前作为“局内人”的几代精英何以会对传统乡村文明发起一波又一波的批判改造，难以理解传统乡村文明遭遇“数千年未有的百年巨变”的经济政治和文化理由。为此，本书认为有必要重新开启一场与上世纪初乡村改造诸先贤的时空穿越对话。

限于篇幅，本阶段论述重点聚焦上世纪 20 年代和 30 年代的两组人群：一组是乡村建设运动诸先贤，他们致力于改良旧乡村；另一组是发起农民运动的早期中国共产党人，他们将传统乡村文明视为封建制度的渊薮，将其列为革命对象。这两组人群立场各异，却具有共同点：他们多是新文化运动和平民教育运动的积极参与者，而“新文化”和“平民教育”主张则可直接推溯到清末维新改良派梁启超倡导的“少年中国”“作新民”的理想。因此，他们都是从“文明再造”“作新民”的视角去看待和改造传统乡村文明的。

笔者事先没有想到，乡村文明的主题会把我们带回到过去一直以为耳熟能详的中国近现代史。然而当我们带着问题去重温这段历史时，会发现许多历史内容变得陌生起来。“熟悉的陌生性”是笔者重述以下历史的强烈感受。

一、“少年中国”替代“老年中国”：文明再造的共同理想

上世纪 20 年代几乎同时兴起的乡村建设运动和农民革命运动在目

标模式和实现路径上差异很大，但都与新文化运动中兴起的平民教育运动有千丝万缕的联系，都承继着清末以来进步知识分子念念在兹的“文明再造”理想。

1934 年，晏阳初总结乡村建设运动指出：“中国的生死问题，根本是在民族衰老，民族堕落，民族涣散，根本是‘人’的问题；是构成中国的主人，害了几千年积累而成的很复杂的病，而且病至垂危，有无起死回生的药方的问题。……农村运动，就是对着这个问题应运而生的。……所以说中国的农村运动，担负着‘**民族再造**’的使命。”① 1937 年，梁漱溟发表《乡村建设理论》指出：“中国问题并不是什么旁的问题，而是**文化失调**——极严重的文化失调，……中国文化一大怪谜，即在其社会构造历千余年而鲜有所变，社会虽有时失掉秩序而不久仍旧规复，根本上没有变革。但到今天，则此相沿不变的社会构造却已根本崩溃，夙昔之法制、礼俗悉被否认，固有文化失败摇摇欲坠不堪收拾，而同时呢，任何一种新秩序也未得建立。……此其问题的演进法，先是这老社会被新环境包围，感觉得有点受不了。……乡村建设运动如果不在**重建中国新社会构造**上有其意义，则等于毫无意义！”②

作为乡村建设运动的两大代表，晏、梁的论述表现出共同的精神旨趣和思想逻辑：中国的“生死问题”是“民族衰老”或“文化失调”；中国的病症是“几千年积累而成”的；中国需要“民族再造”或“重建中国新社会构造”；乡村建设对中国文明病症的治疗具有重要意义。

---

① 晏阳初：《平民教育与乡村建设运动》，第 87—88 页。

② 梁漱溟：《乡村建设理论》，第 19—20 页、22 页。

“民族衰老”或“老社会”的说法并非晏、梁二人首创。早在1900年，逃亡日本的梁启超有感于中国“国为待死之国，民为待死之民”的现实，在日刊发表短文《少年中国说》，呼吁中国应从“过去之国”变为“未来之国”，并高调宣示“我心目中有一少年中国在”![1] 15年后，陈独秀在上海创刊《青年杂志》（次年更名为《新青年》），发表创刊词《敬告青年》，该文的笔法气韵和内在精神均可视为梁启超《少年中国说》2.0版，其中期待的“青年中国”应当是“自主的而非奴隶的，进步的而非保守的，进取的而非退隐的，世界的而非锁国的，实利的而非虚文的，科学的而非想象的”，以此宣告了“新文化运动”的诞生。1918年6月，李大钊等发起组织“中国少年学会”，会员包括毛泽东、邓中夏、恽代英和张闻天等，次年7月学会创立的会刊名称依然是《少年中国》!

显然，由“少年中国”而“青年中国”的主题呼应生动再现了上世纪前20年从清末维新改良派到新文化运动的各派精英，再到行将登上历史舞台的中国共产党人之间的精神联系。

如何以“少年中国”替代“老年中国”？对此各派精英在新文化运动时期都认同一个共同的选项，那就是大力开展平民教育运动。该运动的近因导源于新文化运动的“公民平等”理念，远因则可溯及上世纪初的梁启超——他从1902年到1906年用“中国之新民”的笔名在上海《新民丛报》发表20余篇短文，后辑为文集《新民说》。“新民”一语源于《尚书·康诰》的“作新民”，梁启超借用此说，旨在把传统社会的“臣民”改造为现代社会的“公民”。他在《论新民为今日中国第一急务》中说：“苟有新民，何患无新制度，何患无新政

① 该文件让人们联想起福泽谕吉1885年发表的《脱亚论》。

府，何患无新国家。”[1]

平民教育运动正是在“少年中国”、“青年中国”和“作新民”理想的鼓舞下应运而生的，其重要代表是陶行知、晏阳初、黄炎培等人。

1917 年，在美国实用主义大师杜威门下攻读教育学的陶行知返国后，力推“实验主义”“生利主义”的现代教育，提出“生活即教育，社会即学校，教学做合一”三大主张。1919 年，陶行知等在上海开展为期4 个月的“平民千字课”教学。1921 年，陶行知与蔡元培、美国访华教育家孟禄商议筹建“中华教育改进社”，邀请梁启超等作名誉董事，指导全国平民教育，陶行知任总干事长。

1920 年，在美国攻读政治学的晏阳初途经法国返国伊始即投身于平民教育运动，参与《平民千字课》教材编写工作，1923 年该书一经出版迅速行销 10 多个省，到 1927 年发售 360 万册；平民学校毕业生 300 万人。[2] 1923 年，他与陶行知依托中华教育改进社成立“中华平民教育促进会”，该会以“除文盲，作新民”为宗旨，陶行知任书记，晏阳初任总干事长。在平教会大力推动下，全国平民教育基地和平民学校迅速增加到百余家。

在陶行知、蔡元培、晏阳初等人带动下，不少新文化运动知识精英、穿洋装的博士投身平民教育。总结起来，平民教育从内涵到历史影响有以下几个特点。

其一，要改造旧文明建设新文明，必须从“坐而言”变为“起而行”。平民教育运动以梁启超的“新民”思想为宗旨，但正如韦政通

① 梁启超：《新民说》，宋志明选注，辽宁人民出版社 1994 年版，第 3 页。

② 晏阳初：《平民教育与乡村建设运动》，第 60 页。

后来评论晏阳初时所说："梁（启超）氏《新民说》与晏（阳初）氏'作新民'之间的差别，……是思想（坐而言）与行动（起而行）之间的差别，晏氏的'作新民'根本就是从行动中悟出来的。"① "起而行"正是晏阳初、陶行知、梁漱溟、黄炎培等平民教育运动领袖的共同特征，他们自觉地将新文化运动的"新民"理想从书斋引向社会底层改造。晏阳初批评当时的知识精英："少数知识阶级的人，往往以'上流'自明，无暇或不屑顾及一般平民。"②

其二，"作新民"必须兴办"新教育"。平民教育领袖们意识到，中国有80%的文盲，"除文盲"是首要任务。此外，即使有文化的人过去因为受到传统文明"老八股"的熏陶，也难以承担现代公民的责任，为此要大力兴办"新教育"。晏阳初在《平民教育概论》中指出："平民教育运动的使命，在于'作新民'。分析其内容，有下列三项：（一）养成有知识、有生产力，有公共心的整个人；（二）养成社会健全的分子，发展社会的事业；（三）养成建设国家的国民，增高国际的地位"。③ 这几项内容在同一文章中又展开为三个层面：一曰"齐家"，即平民教育应当针对"旧家庭的组织与制度"，"另产生新组织与新制度的家庭"；二曰"治国"，即平民教育应为平民参政、培养平民建国人才而努力；三曰"平天下"，即平民教育的目标是使我国"真有影响世界之力"，"尽量发挥我国素有的大同理想"。④ 这里对"齐家—治国—平天下"的新解完全扬弃了传统中国文明的旧有意涵。

① 晏阳初：《平民教育与乡村建设运动》，第536页。

② 同上书，第1页。

③ 同上书，第61页。此外，晏阳初在《乡村教育育才院的宗旨和今后的使命》一文中还确立了"培养新人的六大目标"，即要有劳动者的体力、专门家的知能、教育者的态度、科学家的头脑、创造者的气魄、宗教家的精神，见该书第300页。

④ 同上书，第61页、54—58页。

其三，平民教育的“平民”既指城市平民，也指乡村民众，由此导致三大重大历史后果。首先，它促进了1916年底出现的各种形式的工人夜校，这类夜校是早期中国共产党领导的工人运动的摇篮；其次，平民教育向乡村的推广直接促成了上世纪20年代下半叶各路改良派知识精英兴起的“乡村建设运动”；最后，平民教育运动向乡村的推广，也侧面推动了上世纪20年代中叶早期中国共产党人开展的“农村运动”。

二、旨在“创造性改造”传统乡村文明的“乡村建设运动”

上世纪20年代，中国各界先驱，从民主革命的先行者孙中山，到主张改良的晏阳初、陶行知，再到积极推动农民运动的彭湃、毛泽东等人，都常常提到两个80%：一个是中国有80%的文盲人口，另一个是中国人口的80%在乡村。由此可见，平民教育走向乡村进而衍生出乡村建设运动具有一种内生的历史逻辑。①

1926年，晏阳初在刚成立的中华平民教育促进会设立乡村教育部，把当时因翟城米家“村治经验”而闻名于世的河北定县确定为平民教育乡村基地。当年12月，陶行知发表《中华教育改进社改造全国乡村教育宣言书》，指出“今后主要使命之一即在厉行乡村教育政策为我们三万万四千万农民服务。我们已经下定决心要筹集一百万元基

① 费正清指出，“乡村建设运动”最早发端于清末民初由中央政府默许、地方政治势力和乡间绅士积极参与的“地方自治”，其重要代表包括1902年河北定县米家的“村治改革”，阎锡山1917年在山西推行的“村治方案”，以及随后桂系在广西、冯玉祥在河南推行的地方自治运动。参见费正清主编：《剑桥中华民国史》（第二部），章建刚等译，上海人民出版社1992年版，第386—390页。

金，征集一百万位同志，提倡一百万所学校，改造一百万个乡村。……一心一德的为中国乡村开创一个新生命”。[①] 经过几年努力，以定县为中心形成了一个包含60余个乡村、集镇和20余所“平民学校”的“乡村平民教育实验区”，影响所及覆盖保定道所属的20余个县。[②] 1929年，晏阳初将平民教育促进会总部从北京迁到定县，宣告平民教育运动重点全面转向乡村。

也是在1926年，陶行知发表《我们的信条》宣示说：“我们深信教育是国家万年根本大计。我们深信生活是教育的中心。……我们深信乡村学校应当做改造乡村生活的中心。我们深信乡村教师应当做改造乡村生活的灵魂。我们深信乡村教师应当有农夫的身手，科学的头脑，改造社会的精神。”[③] 随后在1927年，陶行知在南京创办为乡村培育教学骨干的晓庄学校，帮助附近240余个村庄建立了村民自治组织。

在陶行知、晏阳初的影响下，没有留洋学历但曾受聘在北京大学教授佛学的梁漱溟先是于1928年在河南辉县筹办村治学院，两年后赴山东邹平创办“山东乡村建设研究院”，截至1937年，该研究院指导的试验区覆盖70余个县，其中研究院还直接接管了两个县的行政权力。[④] 此外，曾经参加李大钊发起组织的“少年中国学会”的卢作孚也与恽代英一道在四川开展通俗平民教育，曾任冯玉祥秘书的彭禹庭也在河南西部大搞乡村自治实验。

到1935年第三次全国乡村工作交流会时，乡村建设运动在全国

---

① 陶行知：《中国教育改造》，商务印书馆2017年版，第80页。

② 费正清主编：《剑桥中华民国史》（第二部），第386页；晏阳初：《平民教育与乡村建设运动》，第60页。

③ 陶行知：《中国教育改造》，第72页。

④ 费正清主编：《剑桥中华民国史》（第二部），第388页。

10余个省已有600多个组织或机构，开辟了1000余个试验区。这是当时世界上规模最大的乡村改造实验，美国学者孔斐力总结说，“乡村建设包含着各种类型：西式的和排外的，教育的和军事的，平民的和官僚的。它们的共同点是，每一类实验都具有很强的政治意义，即通过教育和经济改良来复兴乡村”。[①] 这个说法是准确的。就当时的乡村实验先行者而言，晏阳初、陶行知将乡村教育当作平民教育运动的重要组成部分；梁漱溟深感1840年以后中国乡村“遭到巨大破坏”，因而致力于以“创造新文化”而赓续传统乡村文明；[②] 黄炎培从工商职业教育角度关注乡村的生计教育改造；彭禹庭主持的河南镇平自治则以培训农民自卫作为重点。

虽然实践类型各异，但乡村建设运动的精英群体大多对传统乡村文明乃至传统中国文明报以严苛痛切的批判。陶行知在《生活即教育》一文中指出：“中国遗留下来的旧文化与我们的生活即教育，社会即学校的主张是相冲突的。中国从前的旧文化，是上了脚镣手铐的，分析起来，就是天理与人欲，就是以天理压迫人欲。……与此有联带关系的就是‘礼教’，现在有许多人唱‘礼教吃人’的论调，的确，礼教吃的人，骨可以堆成一个泰山，血可以合成一个鄱阳湖。”[③]

从教育入手改造乡村，绝不限于帮助农民多识几个字。陶行知认为改造乡村人口的灵魂，就是要使农民从旧的生活方式、思想观念中解放出来。在1926年的《教学做合一下之教科书》一文中，陶行知一气列出了七十种农村“生活力”指导课程，分为“康健生活”十种、“劳动生活”十种、“科学生活”三十种、“艺术生活”十种、

① 费正清主编：《剑桥中华民国史》（第二部），第391页。
② 同上书，第388页。
③ 陶行知：《中国教育改造》，第165页。

“社会改造生活”十种共五大类。[①] 按照他的理想，掌握了这些技能的农民将是健康的、懂得科学种植的、熟悉现代科学技术知识的、具有一定艺术教育素养并且具有团体自治能力的群体。在这同时，晏阳初在《中华平民教育促进会定县试验工作大概》中提到，乡村建设教育包括“识字教育”“乡村诗歌文学采集教育”“绘画音乐戏剧等艺术教育，科学种田等生计教育，以自助社、合作社为代表的村民自治组织教育”“新公民教育”“家庭教育”“卫生教育”等等。其中“家庭教育”是要改造旧家庭，建设新家庭。

1937年全面抗战爆发，内地乡村建设运动转移到大西南。日本投降后，国民党发动内战，对乡村建设运动不予支持。为此，晏阳初1947年亲往美国国会作证，敦促议会通过了“将5%到10%对华援助经费用于中国乡村建设”的所谓“晏阳初法案”。[②] 但即使如此，乡村建设运动已成明日黄花，辉煌不再了。

总体来看，乡村建设运动的方案虽然或是西式的，或是传统的，但都主张以渐进方式全方位地改造中国数千年的传统乡村文明。1979年，华裔美国学者林毓生将罗伯特·贝拉（Robert Bellah）的creative reformism概念译解为“**创造性转化**”，遂使这个概念流行于港台。1990年，韦政通以《“创造转化”与“自我实现”——论晏阳初的思想与人格》为题，对晏阳初乡村改造思想进行阐释。他说，创造性转化“主要针对的问题是：如何使文化传统做有效而又创造性地发展，其中包含三个要点：（1）改造或重组文化思想的传统；（2）改造后的

① 陶行知：《中国教育改造》，第181页。

② 吴相湘：《晏阳初传——为全球乡村改造奋斗六十年》，岳麓书社2001年版，第419页。其中记载：1948年美国国会众议院外交委员会通过议案，“授权国务卿商同中国政府组织一中美人士五名的委员会管理中国农村建设与复兴改造，自四亿二千万元中拨付不少于百分之五，不多于百分之十款项作此项用途”。

传统，必须成为有利于变革的资源；（3）变革后仍能与传统保持精神上的联系。”[①] 应该说这个评论对乡村建设运动大多数实践者是适用的。他们批判传统乡村文明，改造传统乡村文明，但拒绝彻底打碎传统乡村文明。至于“变革后的传统如何能与传统保持精神上的联系”，梁漱溟作了一系列探索。正因如此，美国学者孔斐力称梁漱溟的邹平实验是“一种纯粹民族主义的儒学改良方案”，体现着“新传统主义倾向”。[②]

三、旨在推翻传统封建制度的“农民运动”

与乡村建设运动同时，自1924年起中国南方以广东、湖南为中心迅速兴起农民运动，到1927年3月席卷10余省，单是湖南卷入该运动的就达一千万众。[③] 这场运动与乡村建设运动的区别在于，它是“革命”，旨在彻底打碎传统乡村文明；它反对“改良”或“转化”，即对传统乡村文明进行小修小补。但正如前义所说，发起农民运动的早期中国共产党人与平民教育运动、乡村建设运动的精英一度是联系密切的“同路人”，他们都是清末“少年中国”、“新民”思想和民初“新文化运动”的精神产儿。

---

① 韦政通：《“创造转化”与“自我实现”——论晏阳初的思想与人格》，载晏阳初《平民教育与乡村建设运动》，第527—528页。韦政通根据林毓生的《思想与人物》（台北联经出版公司1983年版）的相关文章议论说：“‘创造转化’是友人林毓生教授根据Robert Bellah对creative reformism的分析，在1979年纪念他老师殷海光先生的文章中提出的。以后这个观念便在中国台湾、香港以及海外逐渐流行，近年来大陆也有人使用。”韦先生大概不会想到，他的文章发表近30年后，“创造性转化”成为大陆的主流观念。

② 参见费正清主编：《剑桥中华民国史》（第二部），第388—389页。

③ 参见《毛泽东选集》（第一卷），人民出版社1991年版，第13页。

（一）与“平民教育运动”偕行：从“工人夜校”到“农民运动讲习所”

国内党史和近代史学者在回顾中国共产党建党根由时都会提到马克思主义在中国的影响，这是毋庸置疑的。但同时我们也注意到，中共早期领袖也是从清末维新派到新文化运动一切积极思想的坚定继承者。前面提到，1918 年李大钊创立《少年中国》刊物。同样在这一年，毛泽东、蔡和森、萧子升、何叔衡等在长沙创办了冠以“新民”之名的新民学会，提出“改造中国与世界”的主张。“平民教育”思想在新文化运动中甫一推出，中共早期创建者便积极创办平民学校。先是多种形式的工人夜校、劳动补习学校，在 1923 年“二七大罢工”中被镇压，这类学校开始向乡村发展，出现了多种形式的农民夜校。中共创立平民学校的宗旨不仅是“除文盲”“移风俗”，而是要彻底颠覆旧文明。毛泽东早在 1919 年《论民众的大联合》中就已指出：“国家坏到了极处，人类苦到了极处，社会黑暗到了极处。……压迫愈深，反动愈大，蓄之既久，其发必速。我敢说一怪话，他日中华民族的改革，将较任何民族为彻底。中华民族的社会，将较任何民族为光明。”①

1917 年 10 月，时在湖南第一师范学校读书的毛泽东接手承办工人夜校，招生人数达到百人。这是中国最早的工人夜校，其开办时间甚至早于陶行知等推动的平民教育运动。此后，1920 年 12 月，李大钊指派邓中夏、张太雷等到北京长辛店开办劳动补习学校，1921 年郑州兴办铁路工人夜校。随后，各类工人夜校、工人补习学校、工业补

① 中共中央文献研究室、中共湖南省委《毛泽东早期文稿》编辑组编：《毛泽东早期文稿（1912. 6—1920. 11）》，湖南出版社 1990 年版，第 338 页、394 页。

习所和工人图书馆在大连、天津、徐州、唐山、江西、四川等地开办起来，为20年代的城市工人运动奠定了基础。

总体来看，1924年以前包括毛泽东在内的大多数中共早期领导人尚未把目光转向农村。1938年毛泽东回忆说，15年前恽代英给他写信说，“我们也可以学习陶行知到乡村里去搞一搞”，但他没有去。正是在那个时候，彭湃在当时的革命中心广东开展了轰轰烈烈的农民运动。1922年7月，刚从日本归国不久的彭湃在广东老家组建了全国第一个农民协会——六人农会，1923年又相继筹备建立海丰县总农会、广东省农民协会。1924年初孙中山改组国民党，实施“国共合作”。同年7月，刚加入中国共产党的彭湃以国民党中央农民部秘书和广东省党部部长身份在广州主持第一届农民运动讲习所，为广东等地农民运动培训骨干。这个面向农民的培训学校比平民教育运动向乡村的转向早了几年。

1924年底毛泽东返回老家韶山开展系统农村调查，于1926年写出了颇具专业感的报告《中国佃农生活举例》，称“中国之佃农比牛还苦，因牛每年尚有休息，人则全无”[①]。此后其工作重心全盘转向农村。1925年他前往农民运动大本营广州。1926年1月撰写《中国农民中各阶级的分析及其对于革命的态度》，同年6月，毛泽东出任第六届广州农民运动讲习所所长。资料显示，前五届讲习所成员共计450余人，主要来自广东各地；而毛泽东主持的第六届讲习所则面向全国，招生人数近320人，占六届总人数的41%。在主办讲习所期间，毛泽东分别组建了13个不同省份的“农民问题研究会”，发布项目繁多、细致的调查提纲，并邀请彭湃、萧楚女等到讲习所讲课，他们的思想

① 《毛泽东农村调查文集》，人民出版社1982年版，第33页。

和话语为以后毛泽东的农村思想提供了重要资源，促成毛泽东将“农村问题”视为中国革命重中之重的观念。在第六届讲习所开办的同时，农民运动从广东沿北伐军推进路线在中国腹地10余个省蓬勃兴起，其规模声势为当时世界上仅见，远远超过乡村建设运动。

促成彭湃、毛泽东等早期共产党人将工作重心从城市转向乡村有两大助因。

其一，它与当时改良派将平民教育推向乡村有着相似的逻辑。1926年，毛泽东主持第六届农民运动讲习所时指出：“中国人口四万万，农民占有百分之八十，当有三万万二千万以上。在人口看，我们就不能否认农民问题在中国国民革命中的重要。农民在英国的人口占百分之二十二……”① 这一乡村问题的“人口论证”模式与当时陶行知、晏阳初等人的说法如出一辙。基于这个共识，中共早期领袖与平民教育运动、乡村建设运动精英在很长时间内相互支持。1922年2月，晏阳初到长沙推广《全城平民教育运动计划》，聘请百余名义务教员，毛泽东是其中之一。1923年恽代英写信请毛泽东考虑像陶行知那样走向乡村。1924年第一届农民运动讲习所报告指出，讲习所学员“以五四运动深入民间之分子为多”。②

其二，它在很大程度上得益于当时国民党左派的支持。1924年1月，孙中山在国民党第一次代表大会上提出“联俄、联共、扶助农工”三大主张，允许共产党员以个人身份加入国民党，开启第一次“国共合作”。同年6月30日，国民党中央通过“组织农讲所”的决

① 毛泽东：《农民问题》，载《广州农民运动讲习所资料选编》，人民出版社1987年版，第183页。自新文化运动之后，人们习惯谈论中国的两个80%：一个是农民人口占80%；一个是文盲人口占80%。

② 同上书，第42页。该报告说：第一届农民运动讲习所“计学生三十八名，在中以‘五四’运动奋斗的经验而觉悟到要‘人民间去’之分子为多。”

议，委托彭湃于7月开办第一届农民运动讲习所。[①] 该届学员毕业时，孙中山先生莅临讲话："我们从前做革命事业，农民参加进来的很少，就是因为他们的知识程度太低，不知道有国家大事，所以对于国家很冷淡，不来管国事。你们毕业之后到各乡村去联络农民，……农民是我们中国人民之中的最大多数，如果农民不参加革命，就是我们革命没有基础。国民党这次改组，要加入农民运动，就是要用农民来做基础。……大家都知道，中国向来把社会上的人分成为士农工商四种，这四种人比较起来，最辛苦的是农民，享利益最少的是农民，担负国家义务最重的是农民。……农民都联络了之后，我们的革命，才可以大成功。"[②] 显然，在国民党左派看来，农民运动可以为北伐提供强大助力。但这也埋下一个种子，即在北伐取得胜利的地方，国民党认为农民运动不再必要。[③]

然而，中共早期领袖并不把农民运动视为支援北伐的权宜之举，更不会将其当作乡村建设运动的一个支派。他们认为，农民运动是改造传统乡村文明、改造整个旧中国的彻底革命。在他们的话语中，传统乡村文明有个响亮的负面名称——封建主义！农民运动的目标就是彻底打倒封建主义。

（二）以传统乡村文明为靶向的反封建农民运动

什么是"封建主义"？毛泽东在农民运动讲习所关于"农民问

---

① 1924年6月30日国民党中央通过"组织农讲所"的决议，确定讲习时间为一个月。参见《广州农民运动讲习所资料选编》，第2页。

② 《孙中山先生对农民运动讲习所学生训词》，载《广州农民运动讲习所资料选编》，第122—123页、126页。

③ "现在北伐了，广东既已统一，所以国民党左派并不需要广东的农运了，只需要北伐道上的农运了。"载《广州农民运动讲习所资料选编》，第25页。

题”的授课中指出：“封建教育，就是忠孝主义。……家族制度钳制人民自由数千年之久，使个性发展，丝毫无有，殊可惜也。又有尊卑思想，如天尊地卑，父尊子卑，君尊臣卑等等。”① 他进而对乡村中占统治地位的地主阶级进行了系统分析，包括“地主阶级与家族政治，小地方政治”，“地主阶级与大地方政治”，“地主阶级与县政”，“地主阶级与省政治”，“地主阶级与全国政治”等等。从思想文化方面看，毛泽东在“农村教育”中指出，农村流行的孔子之道是封建思想。“中国自古为农业国。自秦汉以来，又多重农业，故至今特别普及乡村中，又以孔子之道，多述重农之意，历代君王，莫不尊以为法。……农业时代，以家为单位的，不是如欧洲各国，以个人为单位的。”②

正是从马克思社会革命和阶级斗争学说出发，毛泽东、萧楚女等人对中国农村各阶级以及相关权力结构形成了系统性的看法，这些看法在毛泽东 1927 年 3 月完成的《湖南农民运动考察报告》中得到了经典表述。就农运对象而言，毛泽东指出：“广大的农民群众起来完成他们的历史使命，乃是乡村的民主势力起来打翻乡村的封建势力。宗法封建性的土豪劣绅，不法地主阶级，是几千年专制政治的基础，帝国主义、军阀、贪官污吏的墙角。”就乡村权力结构体系而言，毛泽东高度概括指出：“中国的男子，普通要受三种有系统的权力的支配，即（一）由一国、一省、一县乃至一乡的国家系统（政权）；（二）由宗祠、支祠以及家长的家族系统（族权）；（三）由阎罗天子、城隍王以致土地菩萨的引荐系统，以及由玉皇上帝以致种种神怪的神仙系

① 毛泽东：《农村教育》（学生笔记），载《广州农民运动讲习所资料选编》，第 204 页。
② 同上。

统——总称之为鬼神系统（神权）。至于女子，除受上述三种权力的支配以外，还受男子的支配（夫权）。这四种权力——政权、族权、神权、夫权，代表了全部封建宗法的思想制度，是束缚中国人民特别是农民的四条极大的绳索。……地主政权，是一切权力的基干。地主政权既被打倒，族权、神权、夫权便一概跟着动摇起来。”①

毛泽东描述的“四种权力”恰是本书前面以人类学笔触所描述的“乡土中国”范式的核心内容，即血缘性的宗法伦理制度、周期性的宗教祭祀仪轨、等级性的规约礼俗系统以及融合大传统与地方传统于一体的地方教化体系，它们共同构成所谓传统乡村的意义世界。农民运动的目标就是要彻底铲除这个意义世界。在毛泽东的报告列出的“十四件大事”里，除了从政治、经济、武装等方面打击地主的事项外，还包括反对传统“禁令”，推行“农民诸禁”。如农民进入祠堂“大吃大嚼”；农民占领寺庙作农民协会会所或办农民学校；农民“禁迷信、打菩萨”，“禁傩神游香”，“砍了木菩萨煮肉吃”，反对风水运气、关帝观音崇拜。此外，“农民诸禁”还进入日常生活领域，不仅禁牌、禁赌、禁鸦片，还禁“花鼓”、禁“轿了”、禁“打春、赞土地、莲花落”，甚至还“禁酒席、禁鞭炮”。从“农民诸禁”来看，农民运动确实是要铲除数千年来传统乡村内隐的意义世界和外显的设施空间世界。

尤其需要强调的是，现代人类学者多把乡村士绅当作地方教化系统的主要承担者，但这个人群在毛泽东看来恰是乡村封建地主权力系统的重要组成部分，② 是革命对象：“一切从前为绅士们看不起的人，

① 《毛泽东选集》（第一卷），第15页、31页。

② 毛泽东在“农民问题”的演讲中提到地主有七个来源。参见《广州农民运动讲习所资料选编》，第193页。

一切被绅士们打在泥沟里，在社会上没有了立足地位，没有了发言权的人，现在居然伸起头来了。不但伸起了头，而且掌权了。……他们举起他们那粗黑的手，加在绅士们头上了。"① 毛泽东将士绅阶层整体上视为负面群体。

延续数千年之久的传统乡村文明政治社会秩序在中国部分地区短时期内被颠覆，这显示了中共早期领袖在乡村的巨大组织力量。而"组织起来"正是《湖南农民运动考察报告》的基本母题，其宗旨是要"将农民组织在农会里"：农会取代县政、县级司法和警察差役，农会建立自己的农民武装，农会"普及政治宣传"和开展"文化运动"，农会开展"合作社运动"等等。这些措施是以后的解放区以及新中国成立后乡村政治改造的第一次彩排。

四、从苏维埃到解放区：把新民主主义的基础建立在乡村

上世纪 20 年代中国共产党领导的农民运动仅存在了两三年便在 1927 年被彻底镇压了。这个时期农民运动的重点主要是建立农民革命政权和革除乡村传统信仰体系及礼俗体系，尚未深入乡村土地制度层面的变革。1927 年以后的第二次国内革命战争时期、抗日战争时期和解放战争时期，中国共产党在其控制的乡村根据地、解放区内，探索形成了一整套从土地改革、阶级划分、政治社会秩序重建再到思想观念改造的系统经验，影响范围日益扩大。1930 年农村苏

① 《毛泽东选集》（第一卷），第 18 页。

维埃建设高潮时期曾覆盖300个县，[1] 而到1945年抗战胜利，中共领导的19块解放区已经拥有100万平方公里土地和1亿人口。在这些地区，作为革命对象的传统乡村文明基本解体，而新的乡村文明也在探索中孕育。

所谓“**新的乡村文明**”在延安时期被视为新民主主义革命的重要组成部分。1940年初，毛泽东在《新民主主义的政治与新民主主义的文化》[2] 一文中明确指出：“我们共产党人，多年以来，不但为中国的政治革命和经济革命而奋斗，而且为中国的文化革命而奋斗……要把一个被旧文化统治因而愚昧落后的中国，变为一个被新文化统治因而文明先进的中国。一句话，我们要建立一个新中国，建立中华民族的新文化，这就是我们在文化领域中的目的。”[3] 毛泽东明在这里明确表达了以新文化促进新文明的思想，接下来解释说，“什么是旧文化”？那是“殖民地、半殖民地、半封建的文化”，其中半封建文化的基本特征是“主张尊孔读经、提倡旧礼教旧思想”；“什么是中华民族的新文化”？“所谓中华民族的新文化，就是新民主主义的文化……民族的科学的大众的文化，就是人民大众反帝反封建的文化”。[4] 毛泽东这里强调“新文化”是“大众的”，意味它不像旧文化那样，只属于少数绅士阶层；强调“新文化”是“革命的”，意味它不像旧文化那样是反对革命的：“新民主主义的文化是大众的，因而即是民主的。它应为全民族中百分之九十以上的工农劳苦民众服务。……革命文化，对于人民大众，是革命的有力武器。”[5]

---

① 费正清主编：《剑桥中华民国史》（第一部），第211页。

② 该文标题后来改为《新民主主义论》。

③ 《毛泽东选集》（第二卷），人民出版社1991年版，第663页。

④ 同上书，第665页、708—709页。

⑤ 同上书，第708页。

1940年以后，解放区的学者将新民主主义的思想贯彻于具体文明、文化问题的探讨中。1944年艾思奇撰写《把新民主主义社会的基础建立在家庭里》一文，[①] 指出："像我们中国这样的农业国家，一直到现在，仍是以分散的家庭个体经济占着优势，在社会关系上家庭的作用仍是很大的。历来封建统治阶级及其代言人，都非常重视家庭关系，他们努力建立适合于封建统治要求的家庭制度，这就是家长专制的旧家庭制度，这种制度在中国普遍地存在，使封建社会获得根深蒂固的基础。"因此，必须反对那种"把旧家庭制度神圣化、永久化，说这是中国的特殊国情，说这是不可改变的制度"的陈旧观点，用新的民主的、平等的家庭关系取而代之。[②] 这篇文章引起毛泽东的关注，他虽赞成其基本取向，却不同意作者所说"我们不能以'五四'以来的旧观点，来看待现在这里（指延安）的家庭问题。不是要反抗家庭，走出家庭，而是要巩固团结家庭……"。他在给博古的信中评论说："民主革命的中心目的就是从侵略者、地主、买办手下解放农民，建立近代工业社会。'巩固家庭'的口号，只有和上述种种革命运动联系起来，才是革命的口号。农民的家庭是必然要破坏的，进军队、进工厂，就是一个大破坏，就是纷纷'走出家庭'。……新民主主义社会的基础是工厂（社会生产，公营的与私营的）与合作社（变工队在内），不是分散的个体经济。"[③]

从以上几个层面来看，毛泽东等人在新民主主义时期对传统乡村

---

① 根据《艾思奇全书》的编者介绍，该文原拟在《新华日报》发表，毛泽东批示："此文不发表。"随后毛泽东在致《解放日报》社长博古的信中陈述了对该文的意见。后该文以《改善家庭关系，建设新家庭》这个毛泽东所改的标题，收入《艾思奇全书》（第三卷），人民出版社2006年版。编者介绍见该书第459页注。

② 参见《艾思奇全书》（第三卷），第460页。

③ 参见毛泽东：《给秦邦宪的信》（1944年8月31日），载《毛泽东文集》（第三卷），人民出版社1996年版，第206—207页。

文明持有明确的否定立场，同时强调对旧文明需以革命的手段割除之。1938年1月，梁漱溟带着刚刚出版的《乡村建设理论》来到延安20余日，与毛泽东多次交谈。毛泽东读罢梁漱溟的新著评论说：你的著作对中国社会历史的分析有独到的见解，不少认识是对的，但你的主张总的说是走改良主义的路，不是革命的路。而我认为，改良主义解决不了中国的问题，中国社会需要彻底的革命。[①] 从梁漱溟著作内容来看，毛泽东所肯定的部分应当是梁漱溟的如下论断："中国近百年来的乡村破坏，是一种绝对破坏，为世所仅见。……中国乡村之破坏完全在政治。所谓问题全在政治者，不是政治不良，政府当局不好那些意思，而是特指没有唯一最高的国权，陷于分裂的局面那一点，这实在是没有政治，或'政治的没有'。在此分裂局面下，南一政府，北一政府，东一政府，西一政府，不但无法应付国际环境，无法防救天灾，更且造成特有的人祸——乡村成了绝对牺牲品。……外界问题（帝国主义）虽是有的，但中国内部问题大过外界问题；个人的不健全也是有的（贫、愚、弱、私），但社会的不健全大过个人的不健全。"[②] 显然，梁漱溟在这里也认为，中国问题乃至中国乡村问题，根本要从政治解决入手。但他除了在山东、河南等地进行了一些改良主义的实验，在理论上却并未提出真正的政治解决之道。毛泽东的"中国社会需要彻底的革命"这个论断无疑是对乡村建设运动的一个回应。梁漱溟在1938年对此尚有疑义，但到1951年则公开表示：若干年来我坚决不相信的东西，竟然出现在我的眼前。一个全国统一稳定的政权竟从阶级斗争中建立，而屹立在世界的东方。

---

① 参见汪东林：《梁漱溟与毛泽东》，吉林人民出版社1989年版，第6页。

② 梁漱溟：《乡村建设理论》，第13—14页。

总体来看，上世纪 20 年代早期中国共产党人领导的农民运动是以后解放区、新中国成立以后乡村社会改造的一次彩排，是中国共产党乡村建设理论的孵化器，是延续数千年传统乡村文明解体颠覆的最强大力量。

第四章

C H A P T E R 4

“城乡二元”与历次社会主义改造运动：传统乡村文明从显性形态变为隐性形态

这一阶段的时间跨度是1949—1978年，本书借用学界的用语，将其称为“城乡二元中国”阶段。

1949年开始的这个阶段在中国共产党党史中被概括为“社会主义革命和建设时期”，它“彻底结束了旧中国半殖民地半封建社会的历史，彻底结束了极少数剥削者统治广大劳动人民的历史，彻底结束了旧中国一盘散沙的局面，彻底废除了列强强加给中国的不平等条约和帝国主义在中国的一切特权，实现了中国从几千年封建专制政治向人民民主的伟大飞跃”。[①]《剑桥中华人民共和国史》的主编麦克法夸尔对此也指出：“中国的优秀分子一代接一代地努力应付从（清）帝国时代晚期继承下来的国内问题，回答工业化的西方提出的历史悠久的

① 参见《中共中央关于党的百年奋斗重大成就和历史经验的决议》，人民出版社2021年版，第8页。

挑战，这种努力在1949年达到了一个新的阶段。中央政府在这一年获得了对中国大陆的完全控制，因而实现了长期以来所渴望的国家统一。此外，中央政府还首次接掌了国家的体制、经济和社会的全面的现代化工作。下几个十年的历史将有世界上未曾见过的社会工程方面的规模最大的试验。……与（清）帝国和民国时期不一样，在中国共产主义者领导下，没有一个生活的领域，也没有一个国内的地区不受中央坚决使中国革命化这一努力的影响。研究中国社会的任何方面，如果不从中国共产党努力改造中国社会这一背景出发，那简直是毫无意义的。"①

显然，在对1949—1978年这段历史的研究中，我国学界虽然与国外学界立场不同，但对一些要素的关注是相近的：它包括从整个中国近代史角度解读1949年事件的意义，强调新中国成立之初中国共产党进行的革命化和现代化改造试验，强调苏联模式对我国的影响。这些研究也触及本书的主题，即在1949年以后不足30年的时间里，绵续数千年之久的中国传统乡村的意义世界出现全域范围的系统性崩解，其信仰体系、价值体系和规范体系由显性存在转变为隐性存在，由一种系统性存在转变为碎片化存在。

需要说明，本书借用"城乡二元中国"命名来概括新中国成立后的30年，乃是因为本书对我国乡村文明的考察是基于城乡关系格局的变迁发展。而在1950年代以后，影响这种格局的最重要政策因素就是"城乡二元"体制的确立，有学者也称其为"城乡分割体制"。在使用"城乡二元"概念时，笔者充分关注到以下两个事实。

---

① 麦克法夸尔、费正清：《剑桥中华人民共和国史》（上卷），中国社会科学出版社2018年版，第3页。

其一，“城乡二元”体制并不是伴随新中国成立一夜之间出现的，它在上世纪50年代有一个孕育成形的时期，有学者甚至因此将1949—1962年概括为“城乡一体阶段”，而1962—1978年才是所谓“城乡分割”或“城乡二元”阶段。①

其二，“城乡二元”体制也不是在改革开放后一夜消失的，因此也有学者认为，改革开放是“城乡分割”体制突破的开始，这个进程至今尚未完成。②

以上看法都有道理，但本书以为，在当时背景下，“城乡二元”被视为一种必要的政策手段。而在1978年以后，这种体制的政策合法性逐渐丧失。

一、政治运动驱动其他运动：为乡村变革奠定政治前提和制度基础

1949年以后的中国给传统中国的政治经济社会秩序和心灵秩序带来了前所未有的改变，这种变化在乡村表现得尤为明显，它有两大动力源：一个是政治运动；另一个是工业化和城镇化。这两大动力源在新中国成立后70多年一直在同时发生作用，但相比较而言，1949—1978年，以政治运动推动乡村其他领域的革命是乡村变化的主旋律；

---

① 参见邱泽奇：《乡村振兴与城乡关系再探索：人口生计何以可转换?》，《社会发展研究》，2020年第4期。

② 参见张海鹏：《中国城乡关系演变70年：从分割到融合》，《中国农村经济》，2019年第3期。文章中对我国城乡二元体制作了系统梳理，包括：（一）城乡二元体制形成与巩固阶段（20世纪50年代至改革开放前）；（二）城乡二元经济体制破冰阶段（改革开放至20世纪末）；（三）城乡二元体制改革向社会领域延伸阶段（21世纪初至中共十八大前）；（四）全面建立城乡融合体制机制阶段（中共十八大以来）。

而1978—2012年，乡村巨变更多要归因于超高速的城镇化进程。也正是基于这个理由，我们将1949—1978年作为观察传统乡村文明变迁的一个历史阶段。

《中共中央关于党的百年奋斗重大成就和历史经验的决议》将1949—1978年命名为“社会主义革命和建设时期”，指出中国共产党在该阶段面临的主要任务是“实现从新民主主义到社会主义的转变，进行社会主义革命，推进社会主义建设，为实现中华民族伟大复兴奠定根本政治前提和制度基础”。

“奠定政治前提和制度基础”准确概括了这一历史时期中国乡村变革的基调：土地革命时期中国共产党在局部地区推广的政治、经济、文化等领域的革命此时扩展到了大陆乡村全域；中国共产党在长期斗争尤其是在军事斗争中形成的政治组织优势突破了历代政权的“县政—乡政”边界而渗透到乡村的最基层，从而实现了“使传统的‘悬浮式国家’向‘渗透式国家’的转变”；① 以阶级识别为基础的政治身份全面替代了在血缘宗法基础上形成的宗族亲属身份；以前一家一户的个体经济被纳入集体经济的框架，全体农民被纳入党政组织体系之中；无神论思想彻底颠覆了千百年来农民对祖先、土地城隍、神仙菩萨的信仰迷信。——所有这些巨变的首要动力源都来自政治革命，而以政治革命推动经济、社会、文化等领域的革命，奠定现代乡村的政治制度基础，正是中国共产党在长期革命斗争中形成的社会改造模式。相比于前面梁漱溟称传统乡村社会结构是“伦理本位”的，这个社会

① 参见徐勇、周青年：《“组为基础，三级联动”：村民自治运行的长效机制——广东省云浮市探索的背景与价值》，《河北学刊》，2011年第5期。文中指出，新中国成立以后国家行政权力的触角一直延伸到农户，渗透到最基层。新世纪以来，国家对农村采取“多予少取”“改善民生”的政策，每年发放农业补贴，实行义务教育和合作医疗，“农民在日常生活中可以处处感受到国家的存在”。

改造模式不妨说是“**政治本位**”的。这种以政治革命推动经济社会变化的“政治本位”模式在新中国成立70余年后的今天依然持续着，足以形成霍布斯鲍姆所说的“被发明的传统”（invented tradition）。[①]

二、“城乡二元”体制建立和乡村30年历次改造运动

除了以政治运动推动其他运动，这个时期乡村变革的另一基调是为了尽快使中国“从站起来、富起来到强起来”，要以“赶超型”方式尽快发展工业化、现代化，以应对来自外部世界尤其是强大资本主义阵营的压力。而在当时的中国，工业化的资本主要靠内部积累，内部积累的重要来源只能是农业。因此，已经为新中国建立作出巨大牺牲的乡村又担负起为国家超常规发展压低成本、分摊成本的任务。[②]这种“举国体制”导致了上世纪50年代中后期国家出台城乡户籍二分的政策，形成了所谓“城乡二元”体制。对于这个体制，张海鹏曾撰文概括了“五大特点”：“一是采取牺牲农业的工业化模式；二是按照计划配置城乡要素资源；三是实行偏向城市的建设投入机制；四是对农村进行非常规的控制；五是建立其城乡分立的福利制度。”[③] 这几条概括确实清晰透彻。

“二元体制”是相对于城乡关系而言的，而在乡村本身，我们不仅要看到它需要服务于重工业化和城市化，而且要看到它还是革命化

---

① 参见埃里克·霍布斯鲍姆：《传统的发明》，顾杭、庞冠群译，译林出版社2020年版。

② 参见王立胜：《中国工业化成本的解决之道》，《文化纵横》，2019年第1期。

③ 张海鹏：《中国城乡关系演变70年：从分割到融合》，《中国农村经济》，2019年第3期。

的对象。由此可以想象为什么在近30年里，乡村全域会出现一波又一波自上而下的政治的、经济的、社会的和思想观念的运动，事实上，“城乡二元”体制的建立也是这些运动的一个重要成果。这些包括但远不限于：

1950年6月中共七届三中全会提出，要用3年时间完成农村的土地改革。于是从1950年冬到1953年春，新解放区占全国一半以上的农村完成了土改，打倒地主，分配土地，从贫困农民中发现和提拔积极分子，实现了共产党领导的乡村组织建设和制度建设。

1950年5月1日国家颁布《中华人民共和国婚姻法》：废除包办强迫、男尊女卑、漠视子女利益的封建主义婚姻制度；实行男女婚姻自由、一夫一妻、男女权利平等、保护妇女和子女合法利益的新民主主义婚姻制度。

1951年中共中央批准全国第一次互助合作会议，提倡按照自愿和互利原则，发展农民劳动互助的积极性，引导农民走向集体化和社会主义化的道路。1953年中共中央发布《关于农业生产互助合作的决议》，通过《关于发展农业生产合作社的决议》，发起农业合作化运动，1956年底完成。这时的农业合作组织（如初级社）尚保留着农户的私有权，但农民失去了对土地的直接支配权，由全社统一经营和分配。

1953年10月，中共中央通过了《关于粮食统购统销的决议》，该政策是“城乡二元”体制开始确立的标志。此后一直到1958年，国家将粮食、棉花、油料、烤烟、生猪、茶叶、蚕茧、羊毛和猪毛等陆续纳入统购统销、商品分级管理范畴。

1955年毛泽东作《关于农业合作化问题》报告；1956年，毛泽东亲自主编文集《中国农村的社会主义高潮》，为选入的文章撰写按语，号召掀起以发展高级社为标志的农村社会主义高潮。1956 年底，全国参加高级社的农民达 10074 万户，占入社农户总数的 90% 以上。[①] 高级社的土地归属集体，统一经营，共同劳动，统一分配，完全取消农民的私有产权和家庭经营，突破了传统社区血缘关系的土地产权边界。

1956 年 12 月，国务院发布《关于防止农村人口盲目外流的指示》。1958 年 1 月，以《中华人民共和国户口登记条例》为标志，国家开始对城乡人口的自由流动实行限制。首次将城乡居民身份区分固化为“农业户口”和“非农业户口”。这标志着“城乡二元”制度体系的全面建成。

1958 年中共八大二次会议确定了“总路线”，提出“工业以钢为纲，农业以粮为纲”，要求大力推动“大跃进”和人民公社。人民公社的特点是“一大二公”“政社合一”，即生产资料公有化程度高，除农户自有生活资料外，生产资料都归公社集体所有；大搞公共食堂，实行工资制和供给制结合的分配制度；是以公社为单位的农村集体经济组织与乡政府的行政管理组织的合一。

1960 年 4 月，第二届全国人大第二次会议通过的《1956 年到 1967 年全国农业发展纲要》提出“以粮为纲，全面发展”，要求大力兴修水利、发展灌溉、改良土壤、培育粮食优良品种、改革农具、提高化肥产量以及农林牧副渔全面发展、绿化荒山等，到 1967 年黄河以北地区农村亩产突破 400 斤，黄河以南地区达到 500 斤，淮河以南达到 800 斤。

1961 年城市人口精简，其主要对象是 1958 年 1 月以后来自农村的

① 参见麦克法夸尔、费正清主编：《剑桥中华人民共和国史》（上卷），第 100—101 页列出了 1952 年秋到 1956 年全国农业合作社发展图表。

企业职工（包括临时工、合同工、学徒和正式工），让他们返回家乡参加农业生产。

1962 年全国农村发起反单干风，反对包产到户。

1963 年 2 月全国农村开展"四清运动"，即清账目、清仓库、清财物、清工分。

1964 年 5 月，毛泽东发出"农业学大寨"号召，该运动一直持续到 1978 年。

1966 年中共八届十一中全会通过《关于文化大革命的决定》。全国城市和乡村兴起"破除几千年来一切剥削阶级所造成的毒害人民的旧思想、旧文化、旧风俗、旧习惯"的"破四旧"之风。在乡村，毁坏祠堂寺庙、古墓碑坊，捣毁神佛塑像，查抄焚烧传统书籍、历代字画、家谱族谱，禁演传统戏剧和歌舞，禁止一切传统礼俗和传统节日，强迫僧尼还俗等现象层出不穷。

1966—1968 年，全国包括农村在内开展"清理阶级队伍"运动，针对地、富、反、坏、右，特务叛徒走资派，"漏网右派"和国民党"残渣余孽"进行大清查。

1968 年，大规模的知识青年上山下乡。

1974 年，全国范围内开展"评法批儒"运动，对孔孟思想进行彻底清算。

……

时至今日，应当如何评价 1978 年以前的中国农村各项经济社会政策和历次政治运动呢？批评一方认为，如此频繁广泛的运动和自上而下的推动方式违背乡村发展的客观规律，割断了乡村文明的演化脉络，颠覆了乡村沿袭已久的意义世界，迟滞了乡村走向现代化文明的道路，应该彻底否定。但抱有同情理解的一方认为，解放初期的中国一穷二白，乡村小农经济和封建传统根基深厚，民众一盘散沙。这样的国家要想有效应对来自外部的经济、政治、军事压力，实现赶超型工业化、现代化，就要高度“组织起来”，在乡村尽快奠定和稳固社会主义的政治前提和制度基础，让快速集体化的农村分摊快速工业化的成本，保障工业原材料基本供给，保障城市乡村居民的基本生活水平。

在这里，我们再次遇到史学思想中不断讨论的“局内人/局外人”的叙事身份差异问题。“局内人”贴近感知经验，活动于特定情境或特定时期，其认知和判断背后常常含有“不得已”的理由；而“局外人”往往超越于情境，能够对一个事件的成因以及后果进行保持距离的客位观察，从一般原则上加以权衡，但却可能会对“不得已”的情由缺乏体认。这种情况体现出历史研究的复杂性。过于强调“局内人”身份，则历史叙事会陷入无批判、无评价的窘境；但对“局外人”身份毫无自觉，也会使历史叙事变成对立的意识形态立场陈述。前面提到，我国学界对“新文化运动”出现两种不同评价，其中确实有“局内人”和“局外人”身份差异的影响因素。如何将两种因素衔接起来形成“反思的平衡”，这是每个思想史家都应自觉关注的问题。

三、“乡土中国”的意义世界从显性形态转变为隐性形态

无论怎样，经历了近30年急风暴雨式的多次改造运动后，前述人类学意义上的“乡土中国”范式从根本上解体，失去了其内在的系统性存在。

其一，从对土地的关系来看，虽然广大农民依然生活在世代居住和耕作的土地上，并且在土改后的一段时期依然沿袭着一家一户的小

农经济方式，但在上世纪50年代快速合作化和人民公社运动之后，绝大多数农民变成了集体经济成员，土地变成了一种非个体和家庭直接拥有的生产资料，千百年来农民对土地的情感依存方式发生了根本改变，它不再是像“土壤与根系”那样的“有机情感”。

其二，从家庭和社会结构来看，数千年来基于血缘伦理的父权、族权、夫权等封建家庭权力体系在一次次清算批判中解体，基于党政组织的社会成员关系覆盖乡村社会基层，这是数千年来前所未有的政治和社会结构变化。[①] 虽然近几十年人类学家在调查中发现，许多地区乡村基层党政组织依然受到传统家族或熟人社会关系的渗透，[②] 然而，这一切现象已经不再具有合法性。

其三，从乡村文化体制构成来看，传统乡村的教化体制被自上而下建立起来的现代公共教育和文化系统所取代，过去以长老、绅士、僧道为代表的乡贤阶层完全退出历史舞台。国家和地区政府成为统一规划、管理、促进村民文化生活和文明素养的首要责任者。

其四，从乡村民众世代依存的意义世界来看，随着无神论教育和反迷信运动的推广，传统的祖先崇拜、天地崇拜和诸神崇拜在几十年间几近绝迹，与人们日常生活相关的计时系统、节庆时刻完全去除宗教和神话含义，传统戏剧和民歌被大量改造，所有这些时刻、仪式等曾经具有的象征意义经过长年的革命化和世俗化改造，在群体记忆中淡化消失。与之相关的日常交往礼俗关系也发生了深刻变化。

其五，从文化空间来看，传统社会中用以负载乡村民众意义世界的各种设施和符号元素，如祠堂、寺庙、戏台、牌坊、石碑、家族墓

---

① 参见麦克法夸尔、费正清主编：《剑桥中华人民共和国史》（上卷），第32页、68页。

② 参见朱晓阳：《从乡绅到中农》，《中国农业大学学报》（社会科学版），2018年第1期。文中描述了一些村落基层党组织通过发展“我家人”而程度不同地“家族化”的问题。

地、村落的风水格局、院落的等级规制、窗雕壁画等或被挪作他用，或被毁弃。

其六，从本文叙事的记忆系统来看，由于家谱、族谱在“文化大革命”中大量灭失，又由于广播喇叭通达全国大部分乡村，一家一姓、一村一地的“地方性—系谱性”小叙事基本被国家的政治性大叙事所取代。乡村民众的“荣誉感”赋予机制已经从传统的家族体制、教化体制转移到政治社会组织。

以上描述表明，新中国成立后的前30年我国延续数千年的旧乡村文明进入“显性传统蜕变为隐性传统、传统的系统性存在裂解为碎片化存在”的阶段。面对这种状况，一些学者依然对传统的“韧性”抱以乐观的态度：“20世纪以来，华南乡村经历了革命浪潮的不断洗礼——在新文化运动、土地改革、集体化运动、‘大跃进’、人民公社和‘文化大革命’的冲击下，旧制度的合理性和合法性在逐渐减弱，但是这并未对社会深层结构产生致命影响力。可以认为，农村中的革命实践从来没有在根本上动摇其结构。”① 在我们看来，这个判断有值得商榷之处：

其一，就其适用范围而言，该判断或许适用于华南地区的某些乡村，但难以涵盖中国内地的大部分乡村。

其二，就其理论模式而言，该判断假定乡村有一个可以逃避历次革命浪潮冲击的“社会深层结构”，这是极为可疑的。前述一切业已表明，新中国成立以来全新的政治社会秩序已经使传统的“社会深层结构”失去存身基础和合法性，它赖以存在和表现的符号系统、行为规范系统、记忆和叙事话语系统由此进入一个**“脱域化”“空壳化”**

---

① 麻国庆：《乡村振兴中文化主体性的多重面向》，《求索》，2019年第2期。

过程——传统的符号因象征意义的灭失而沦为空壳化记号；传统礼俗因失去其生活秩序支撑而沦为空壳化习俗。总之，传统的旧意识形态整体上蜕变为群体无意识。就此而言，"脱域化""空壳化"是传统乡村文明走向最终衰亡的最后阶段。

其三，就整个历史走向而言，虽然进入"脱域化""空壳化"的传统乡村文明在具备一定条件的少数地方可以重新恢复以往的活力，但从"动态趋势"来看，我国乡村整体发展将使传统乡村文明逐步失去存活的基础和条件。

四、传统乡村的生计方式和外部空间形态的变化相对较小

新中国成立后的前30年，乡村传统的意义世界在历次运动的冲击下土崩瓦解，但村民的生计方式和乡村的外部形态相对而言变化不大，大多数乡村的生态环境、村落景观、民居形态、人口结构、土地利用和耕作方式等相对而言变化不大，人们依然过着"日出而作，日落而息，凿井而饮，耕作而食"的生活。换言之，乡村的思想结构、社会结构变化大于其生计方式和空间结构的变化。其主要原因在于，新中国的工业化在经历了第一个五年计划的快速崛起后陷入衰退，刚刚启动的城镇化速度随之大幅回落，乡村在很大程度上承担了这一衰退的经济和社会成本。

据统计，1949年我国城镇人口为5765万，城镇化率为10.6%。在第一个五年计划时期，我国在苏联专家指导下选择在城市布局了156个大型现代化工业项目，这为我国后来的工业化体系发展奠定了基础，也带动了当时的城镇化发展。1957年，我国城镇人口跃升到

9949万，城镇化率为15.4%，平均每年增加0.7%。但到了1960年，在“大跃进”运动、三年自然灾害以及中苏关系破裂的叠加效应影响下，我国工业化、城镇化进程严重受挫。1961—1963年，城市精简掉1958年后进厂的职工人数达1887万，城镇总人口减少2600万。工业企业从1957年的31.8万个减少到1962年的19.7万个，减少比率为38%。此外，1965年国家提出“备战、备荒”方针，大搞“三线建设”，将四五千亿原可用于城镇化的资金投向大山深处。在这一系列因素的影响下，我国城镇化率从1959年的19.75%连续下降至1973年的17.13%，到1978年也只达到17.9%。[①] 本书第一节已经指出，这个比率表明，我国当时还是一个传统型的农业大国。

不仅如此，伴随上世纪50年代“城乡二元”体制的建立，城市中快速发展的现代教育以及流行的文化生活方式并未对广大乡村产生太大影响。乡村从环境到人们的精神风貌依然显得十分“乡土”。

① 宋启林：《论中国独特的城镇化道路》，《城市规划学刊》，2013年第1期。

第五章

C H A P T E R 5

空间折叠—人口多元：

乡村世界遭遇高速城镇化“涡旋效应”

1978—2012 年是我国乡村文明百年变迁的第三个阶段，本书借用人类学者的术语，将其称为“城乡两栖中国”阶段。需要说明的是，这里的“城乡两栖”主要是指伴随上世纪 80 年代人口流动大潮，尤其是 90 年代高速城镇化大潮的到来，数以亿计的农民工在城市和乡村来回奔走、无所适居的窘况。我们不妨将其称为“**被动态的城乡两栖**”。它不同于近来学者谈论的那种基于个体自由选择的“城乡两栖”状态，譬如王春光在《第三条城镇化之路：“城乡两栖”》一文就探讨了那种“非城非乡、亦城亦乡”的新型城乡关系。本书称其为“主动态的城乡两栖”。

该阶段给我国传统乡村文明带来了亦喜亦忧的命运：改革开放之初国家实施了一系列“拨乱反正”方针，为传统乡村文明的局地局域复兴创造了难得的政策机遇。但与此同时，迅猛提速的城镇化进程极大地改变了乡村世界整体的空间形态和人口结构，形成了全局全域性的“建设性破坏”（constructive destruction）。这种破坏不仅瓦解了传统乡村文明系统性恢复的条件，而且为未来乡村文明新形态的塑造设定了全然不同的历史条件。

显然，谈论未来乡村文明新形态不能低估过去几十年的高速城镇化给乡村带来的深刻影响。首先，大规模的撤村并村、新村建设以及乡城人口流动终结了乡村过去千百年缓慢的自然演进状态，因此，人们在谈论今日乡村传统复兴时也许没有意识到，“乡村已不是那个乡村，人群也不再是那个人群”。其次，人们谈论今日乡村时还经常遇到另一窘况，即“此乡村全然不同于彼乡村”，乡村与乡村间的发展不平衡被高速城镇化迅速拉大到极致。过去，人们依据“东/中/西”或“南/中/北”这两个高度宏观的“三分法”模式便可以大致说明我国村庄间的差异或发展的不平衡，从而建构出不同的“村庄类型”，但今天乡村发展的最大不平衡性似乎可以还原为它与城镇化进程的关系，由此人们可以将现代村庄简化为两大类，即“日趋城镇化的村庄”与“尚未城镇化的村庄”，它成为建构现代“村庄类型学”的首要原初条件。

乡村的基本类型和发展程度取决于它与城镇化进程的关系，这一看法背后预设着一个以城市发展为动力源的乡村世界结构：任何区域的中心城市犹如一个旋涡的原点，在其辐射范围内，村庄的外部空间形态和人口结构状态取决于它与中心城市的引力距离。本书将这一假设称为“城镇化涡旋效应”，它决定着乡村的空间折叠程度和人口结构状况。这一假设可以成为建构新型“村庄类型学”的理论预设。

一、传统乡村文明在1978年后的两种命运：局域复兴与系统性破坏

1978 年启动的改革开放在中国当代史上具有重大的历史意义。《中共中央关于党的百年奋斗重大成就和历史经验的决议》（以下简称《决议》）指出，中共十一届三中全会彻底否定了“文化大革命”，开启了改革开放和社会主义现代化建设新时期。“解放和发展社会生产力，使人民摆脱贫困、尽快富裕起来”，“建立健全社会主义市场经济体制”成为经济社会发展主旋律。《决议》在梳理这一时期的改革路径时指出，“我国改革从农村实行家庭联产承包责任制率先突破，逐步转向城市经济体制改革并全面铺开，确立社会主义市场经济的改革方向”。[①] 显然，曾在新民主主义时期和新中国成立后的前 30 年为中国革命建设作出巨大贡献和牺牲的乡村再次站在了历史的转折点上。

从经济社会角度来看，家庭联产承包责任制的广泛推行以及上世纪 80 年代初人民公社退出历史舞台，使乡村民众一度恢复了一家一户对“泥土”的“有机感情”，农业生产热情空前高涨。1978 年，我国粮食总产量 6095 亿斤；1984 年达到了 8146 亿斤，增长了 33.7%。人均粮食占有量，从 1978 年的 633 斤，增加到了 1984 年的 781 斤，增加了 23.4%。农民人均纯收入从 1978 年的 134 元增长到了 1984 的 355 元，扣除价格因素后实际增长了 1.5 倍，年均增长 16.2%。1978 年，

---

① 《中共中央关于党的百年奋斗重大成就和历史经验的决议》，人民出版社 2021 年版，第 18 页。

我国农村贫困人口为2.5亿人（标准为100元/人年），到1985年农村贫困人口下降为1.25亿人（标准为206元/人年）。[①]

从社会关系和精神文化角度看，几十年急风暴雨式的政治运动的终结，国家推出一系列“拨乱反正”措施，使得广大农民淡化了**以阶级识别为基础的政治身份意识**，重新复甦了其在家庭、亲族和宗族中的身份意识和伦理意识、追远敬祖的根系意识和香火意识，由此不少地区恢复了民俗节日和择时设祭的习俗，祠堂或宗亲联谊设施得到复建，家谱、族谱或宗谱得到重修，法天敬祖、祭祀神佛的“弥漫性宗教”得以恢复。尤其在华南一些传统根基深厚的乡村，冠、婚、丧、祭诸礼大幅恢复。《剑桥中华人民共和国史》正是在这个意义上给出了一个标题——“复旧：1977年以后”。[②]

这一切似乎表明，以“乡土中国”为范式硬核的传统乡村文明在经历了长期的“去魅”（disenchantment）进程后，又显示出“复魅”（re-enchantment）的倾向。不少人类学者由此惊叹这一传统的巨大恢复力和修复力，认为这是乡村社会重归“伦理本位”、重建教化传统、乡民重塑自律性道德意识的难得契机。在此背景下，一些乡土实践派学者找到一些传统乡村文明的外部形态或历史记忆保持较好的村落或地区，探索发掘、活化或重建传统乡村文明的思路，努力使在多年现代化大潮冲击下日渐“空壳化”的符号重新实现“象征意义的充实”。

然而，传统乡村文明的复魅究竟是局地局域现象，还是全域性系统性现象？这个追问迫使我们不得不面对另一个事实：1978年以后尤其是90年代以后，我国乡村全域启动了工业化、城镇化的快进键，它

① 参见陈锡文：《乡村振兴战略的来龙去脉》，《农村·农业·农民（B版）》，2019年第1期。

② 参见麦克法夸尔、费正清主编：《剑桥中华人民共和国史》（下卷），第666页。

不仅改变了乡村数千年来对土地的单一利用方式，还把千百年来世居在家乡泥土上的乡村人口吸纳进城市，将千百年来人们生长于斯的村落或者划并进城镇，或者改造得面目全非。建筑是凝固的记忆，人群是流动的记忆，当传统村落的空间载体和人口载体发生如此规模的不可逆的巨变后，传统乡村文明即使在某些地区得到某种能指层面或行为层面的恢复，但从根本上说却失去了其最后的栖身场所。

在回顾上世纪80、90年代以后我国城乡关系格局出现的巨变时，我们注意到，这一进程固然获得了市场经济的强大内生推力，但其每个阶段的升级依然体现着“政治本位”或“政策引导”的鲜明特点。事实上，正是市场经济加政策引导使改革开放后的高速城镇化显示出鲜明的阶段性特征。

二、改革开放后我国城镇化的“三阶段”理论

改革开放后我国高速城镇化可以分为几个阶段？每个阶段的区别是什么？每个阶段升级的驱动力是什么？近年学界对此多有考察。

刘守英、王一鸽在《从乡土中国到城乡中国——中国转型的乡村变迁视角》一文中指出，近百年来中国乡村的巨变在整体上可以表述为：“从‘乡土中国’到‘城乡中国’的转变”，即从“以农为本、以土为生、以村而治、根植于土的‘乡土中国’，转变为乡土变故土、告别过密化农业、乡村变故乡、城乡互动的‘城乡中国’”。[①] 但与许

① 刘守英、王一鸽：《从乡土中国到城乡中国——中国转型的乡村变迁视角》，《管理世界》，2018年第10期。

多论述不同的是，文章认为从“乡土中国”到“城乡中国”这一巨变的拐点并非出现在作为改革开放元年的1978年，而是出现在新世纪第一个10年。为此，该文把1978年后的乡村变迁分为三个阶段：

第一阶段是乡镇企业高速发展的阶段（1978—1996年）。针对费孝通对乡镇企业模式提出的“离土不离乡”的论断，该文指出进入乡镇企业的农民其实并未“离土”，只是在乡土空间范围内实现了“分业不离乡”。但无论怎样，这种模式依然使“乡土中国”范式得以持存。

第二阶段是吸引大量农民“离土又离乡”的“沿海工业化”时期（上世纪90年代中期到新世纪初）。由于随着沿海城市对外开放、外资进入、民营企业快速发展，国内区域间的差异性体制环境凸显，大量农民跨区域流动，形成了具有鲜明“城乡两栖”特征的农民工大潮，它彻底改变了农民和土地、村庄的基本关系，应该是“乡土中国”彻底解体的阶段。

第三阶段是“城乡中国”阶段（2003—2010年），这也是该文最为肯定的阶段。文章认为牵引这个阶段的最大力量是所谓“农（民工）二代”，他们“大多数选择了不回村、不返农，由此带来人地关系、农地制度、农业经营制度、农业发展方式、村庄的演化和分化方式等方面重大变化。这些新的特征不仅昭示了向费孝通意义的‘乡土中国’告别，也与以前各阶段结构变革下的城乡特征发生本质不同。”①

张海鹏的《中国城乡关系演变70年：从分割到融合》一文认为，

① 刘守英、王一鸽：《从乡土中国到城乡中国——中国转型的乡村变迁视角》，《管理世界》，2018年第10期。

1978年之前，国家“为了让农业扮演为工业发展提供资本积累的角色，从而快速实现国家工业化目标，政府通过一系列制度安排，逐步建立起城乡分割的体制”。而该体制在1978年后经历了三个解体阶段：1978—2000年是“城乡二元经济体制破冰阶段”；2000—2012年是“城乡二元体制改革向社会领域延伸阶段”；2012年中共十八大以后则是“全面建立城乡融合体制机制阶段”。①

朱晓阳的《“乡-城两栖”与中国二元社会的变革》、王春光的《第三条城镇化之路：“城乡两栖”》等文章高度聚焦1978年以后尤其是上世纪90年代以后伴随高速城镇化出现的农民工及其家庭生活状态的“两栖化”现象，即“非城非乡、又城又乡”的现象，认为“城乡两栖”是解读现在和未来很长时期内城乡关系的重要视域，是制定相关城乡融合政策的重要切入点。

相对而言，周飞舟等撰写的《从工业城镇化、土地城镇化到人口城市化：中国特色城镇化道路的社会学考察》一文对1978年后我国城镇化三阶段的划分最为清晰。

第一阶段是1978—1994年的“工业城镇化”阶段。该时期乡村的工业化速度远高于城镇化速度，是个工业化驱动城镇化的阶段。大量乡镇企业先是在苏南、温州、珠三角等地区发展，继而在山东、河北和中西部地区遍地开花。由于当时国家对地方采取财政包干制政策，地方政府对于推动乡镇企业发展具有巨大热情。在此背景下，乡镇企业总产值在全国工业增加值中的占比从1980年的12%跃升到1993年的60%。

① 参见张海鹏：《中国城乡关系演变70年：从分割到融合》，《中国农村经济》，2019年第3期。

第二阶段是1994—2011年的“土地城镇化”阶段。1994年国家推出分税制改革，迫使地方政府与乡镇企业纷纷“脱钩”，转而投身于“经营土地”和“经营城市”，土地财政规模快速增长，大大推动了我国的城镇化进程。城镇化汇合工业化和沿海开放，吸引大量农民工离开农村，因此该时期是农民工增长最快的时期。

第三阶段是从2012年直到今天的“人口城市化”阶段。中共十八大报告高度肯定“新型城镇化”的思路，提出重点解决“土地城镇化”过程产生和遗留的乡村流动人口问题，促进流动人口城镇化，让中西部人口“就地”“就近”城镇化。《国家新型城镇化规划（2014—2020年）》提出，从2014—2020年，让1亿农民落户城镇。这是一种以解决“人”的问题为核心的城镇化。

上述学者大多认同这样的看法，即改革开放40余年来我国大体经历了三波城镇化浪潮的推动。这三波浪潮的动力既来自快速形成和完善的社会主义市场经济的自身逻辑，也来自我国特有的“政策引导”模式。换句话说，在它们背后同时存在着“看不见的手”和“看得见的手”。正是在市场内生动力和政策干预的双重作用下，我国城镇化才显示出异乎寻常的速度：常住人口从1978年的1.7亿跃升到2013年的7.3亿，再到2020年的9.1亿；城镇化率从1978年的17.9%跃升为2013年的45%，再到2020年的63.89%；我国从全球第一乡村大国成为第一城镇大国。回顾历史，英国的城市化从1760年代工业革命之初的20%达到19世纪末的70%，走过了近一个半世纪的时间（见图5－1）；而美国城市人口从1830年的7.2%，1860年的19.8%，发展到1920年的51.2%，花了将近一个世纪（见图5－2）。

与这几个先发现代化国家相比，我国明显呈现出“压缩性现代化—城镇化”特点，这势必造成乡村世界的两个彼此相关的重要现象，即“空间折叠”和“人口多元”。

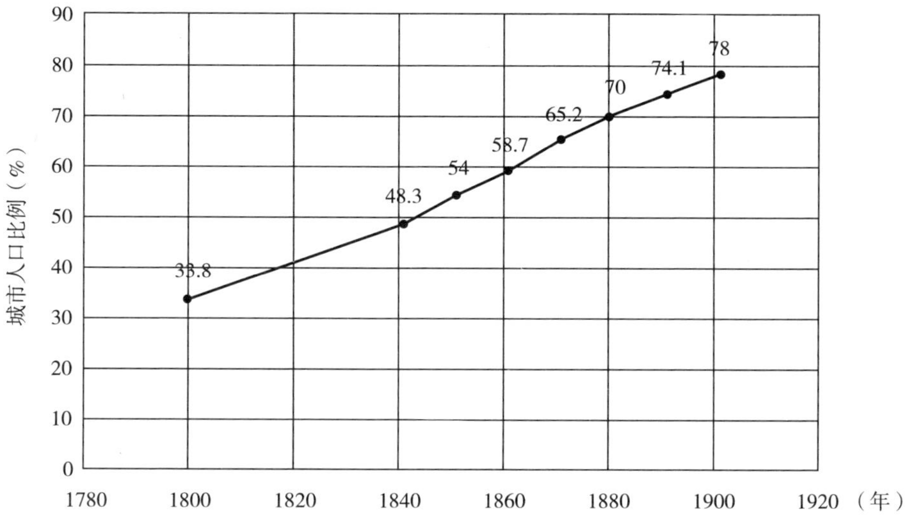

图 5－1　英国城市化历史进程（1801—1901 年）①

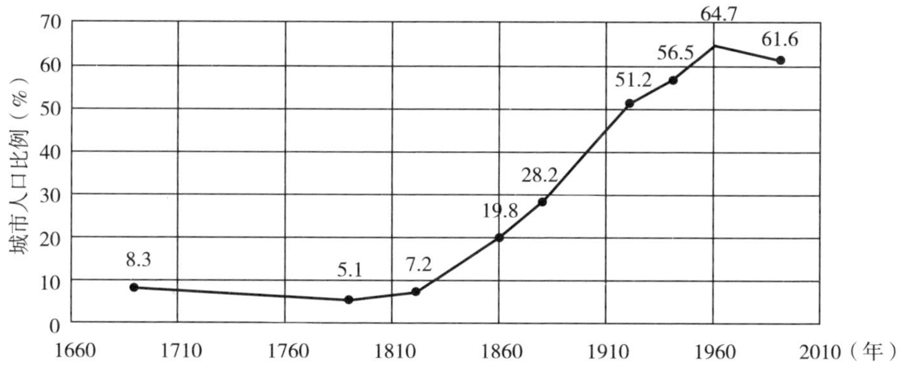

图 5－2　美国城市化历史进程（1690—1990 年）②

① 贝达里达：《英国社会史：1851—1975》，第 17 页，转引自廖跃文《英国维多利亚时期城市化的发展特点》，《世界历史》，1997 年第 5 期。

② 1690 年数据来自 Bridenbaugh（1938）以及美国历史统计。其他数据来自 1960 年《人口普查》（第一卷），转引自王春艳《美国城市化的历史、特征及启示》，《城市问题》，2007 年第 6 期。

三、当代“区域层级体系”理论与新的“村庄类型学”

人类学家擅长对目标村庄进行沉浸式的在地观察，但他们常常困扰于一个问题：村庄与村庄之间存在差异和发展不平衡，从个别或少量目标村庄得出的田野调查结论究竟具有多大程度的普遍性？这是全域的普遍性，还是某种类型的普遍性？

一个毋庸置疑的事实是，就传统文明资源的情况而言，某个大都市“城中村”的情况一定与华南边远乡村天差地别。贺雪峰就此认为，划分“村庄类型”对于当今的乡村研究十分必要：“中国农村相当庞大，发展又十分不均衡。当人们讲到村庄时，往往要么是在说一种类型的村庄，甚至是某一个村庄，要么是在抽象地说中国所有村庄，而很少有差异地、分类型地说到中国的村庄，研究中国的村庄。如果不能对数量庞大又发展不均衡的中国村庄进行适当的分类研究，农村研究就很难进入到比较精细的层次。”① 为此他梳理了以往学界关于村庄的两种分类方法：一类是依据现代化程度将村庄分为“传统村庄”、“现代村庄”以及“介于现代与传统之间的村庄”；另一类是根据我国“东/中/西”三大区域的自然和经济发展差异来进行村庄分类。贺雪峰指出，他的团队经过十余年研究认为，除了“东/中/西”分类法，还存在着“南/中/北”三种村庄类型，即“以华南为代表的、宗族性的团结型村庄”“以华北为代表的、多个小亲族构成的分裂型村庄”“以

---

① 贺雪峰：《新乡土中国》，北京大学出版社2013年版，第42页、46页。

中部长江流域为代表的、原子分散型村庄”（见图5－3）。①

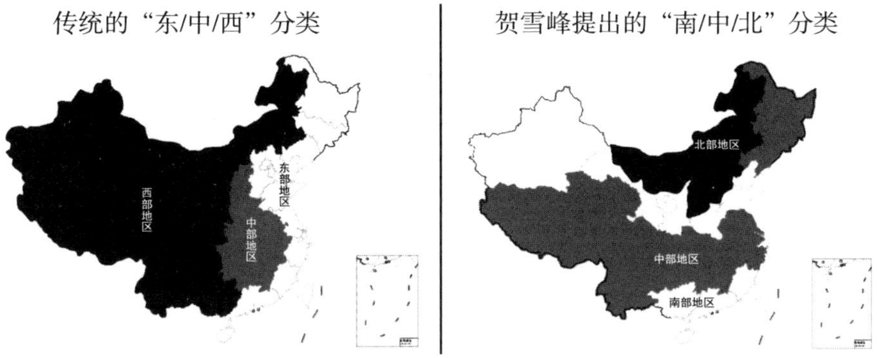

图5－3　中国乡村分类方法

贺雪峰的“南/中/北”村庄类型说在国内学界或属创新之论，但实际上它只是佐证了海外学者萧公权早在1960年出版的《中国乡村》第八章提出的论断，即迄至晚清，中国乡村大体可分为“华南华中等地的单族乡村”和“华北等地的多族乡村”。②

简言之，以往村庄类型划分的原则，无论依照“自然环境＋人文环境”的差异，还是依照血缘宗法组织的差异，都有一个共同假定：某一特定区域内的乡村大多属于同一类型。③ 但这一原则不适用于现代中国尤其是高速城镇化语境下的中国。在当今城镇化的巨大牵引力的影响下，某一区域内的村庄与村庄可能呈现出全然不同的多个类型。显然，当今中国村庄类型划分必须将城镇化对乡村的辐射力当作第一重要的因素。为此有必要引入上世纪下半叶美国学者施坚雅在城乡关

① 贺雪峰：《新乡土中国》，北京大学出版社2013年版，第46—47页。

② 参见萧公权：《中国乡村》，第387—388页。他引述国外学者的观点说，“单族乡村”是指村落里只有一个宗族，“多族乡村”是指村落中存在着多个不同姓氏的亲宗群体。

③ 这里有例外，如华北虽以“多族乡村”为主，但也有个别“单族乡村”。

系研究中提出的“区域层级体系”构想。

施坚雅是人类学家，但他在对中国农耕时代城市体系的研究中，打破了人类学通行的微观分析方法，而追求刻画城乡发展的整体形态。他说：“必须承认，就人类学这一学科而言，我有点像个离经叛道者。因为人类学家中极少有人以城市体系为研究对象，也不讲求宏观把握和微观分析的融通结合，更不必说用经济地理模式的方法来进行工作，或将其方法运用于历史研究。”①

基于这个意识，施坚雅指出，中国在数千年内不仅形成了从中央皇权到各个地方的“单中心”行政体系，还形成了“多中心”的区域经济社会，即十余个自然环境、交通状况和经济类型各异的区域经济社会体系。② 这类区域的“中心地层的最高层”是个大城市或大都市，向下延伸到区域内各个小城市或市镇等“中心地”。③ 这种“中心城市—一般城市—市镇—乡村”的经济社会层级体系呈现由强到弱分布的“中心—边缘”的“二分结构”。④ 具体说来，施坚雅将整个中国农业区分为九个大区和若干亚区。这九个大区包括华北、西北、长江上游、长江中游、长江下游、东南沿海、岭南、云贵和东北（见表5-1）。⑤ 它们都处于相对开阔的平原或盆地，人口相对集中，舟车往来相对便利，都拥有自己区域的从中心城市到一般城市、乡村市

---

① 施坚雅：《中华帝国晚期的城市》，第10页。

② 施坚雅在其主编的《中华帝国晚期的城市》中将中国“农业区”划分为九大区和若干亚区，参见该书第11页和第237页的两个图表。

③ 同上书，第2页。在该书第256页，施坚雅还提出了“中心地”概念：“这里用‘中心地’一词，可以看作是一个以履行重要中心职能（不光是经济的，而且还有行政的、文化和社会的）为特点的聚居区，它之所以能履行这样的职能，不仅因为它的人口，而且也为了一个最低限度也要包括一批临近农村的腹地。就中华帝国晚期而言，所有的行政城市都是中心地，所有那些拥有定期市场的市镇也都是。……在1893年大约有39000个中心地。”

④ 参见施坚雅：《中华帝国晚期的城市》，第3页。

⑤ 但施坚雅认为东北只是在很晚近的时候才成为一个大区。

镇，再到环绕市镇的村落的体系格局。值得一提的是，直到 1998 年，施坚雅仍坚信这个研究的重要理论价值。①

表 5－1　农业中国的大区（不包括东北）面积、人口估计和人口密度（1843 年、1893 年、1953 年）②

大区	面积（平方公里）	1843 年		1893 年		1953 年	
		人口（百万）	密度（人/平方公里）	人口（百万）	密度（人/平方公里）	人口（百万）	密度（人/平方公里）
华北	746470	112	150	122	163	174	233
西北	771300	29	38	24	31	32	42
长江上游	423950	47	111	53	125	68	160
长江中游	699700	84	120	75	107	92	131
长江下游	192740	67	348	45	233	61	316
东南沿海[a]	226670	27	119	29	128	36	159
岭南[b]	424900	29	68	33	78	47	111
云贵	470570	11	23	16	34	26	55
合计	3956300	406	103	397	100	536	135

a. 包括台湾。不包括台湾在内的东南沿海地区的相应数值是：面积 190710 平方公里；1843 年人口 2600 万，密度 136 人/平方公里；1893 年人口 2600 万，密度 136 人/平方公里；1953 年人口 2900 万，密度 152 人/平方公里。

b. 包括海南。

虽然人类学界对施坚雅的“多中心”区域经济社会层级体系理论看法不一，但该理论确实与我国新世纪后热起的“城市群”研究思路旨趣相通。施坚雅在上世纪 70 年代的文章中就指出：“在（中国的）每一个地区里都发展着一个合理的、分离的城市体系——一个城市群，在这个城市群里，城市的内部事务集中处理，城乡间的事务主要限于

① 施坚雅在 1998 年为《中华帝国晚期的城市》作序时仍坚持他的“区域体系研究方法”。

② 参见施坚雅：《中华帝国晚期的城市》，第 247 页。

区域内部。”① 半个世纪后，“城市群”成为我国发布的《中华人民共和国国民经济与社会发展第十四个五年规划和2035年远景目标纲要》（简称《纲要》）的核心主题词。《纲要》第八篇指出，要“优化提升”京津冀、长三角和珠三角为代表的五大城市群；“发展壮大”以大山东半岛、粤闽浙沿海为代表的五大城市群；“培育发展”哈长、辽中南等九个城市群。这19个城市群虽然与施坚雅刻画的农耕中国的经济大区并非一一对应，而且它们之间也不像施坚雅面对的晚清时代区域城市体系那样彼此缺乏联系，② 但其城乡体系的基本结构具有很大的相似性：每个城市群都有由“中心城市—中小城市—县镇城市—基层乡村”构成的网络层级体系，这就是所谓“多中心、多层级、多节点的网络型城市群”。（见图5－4）

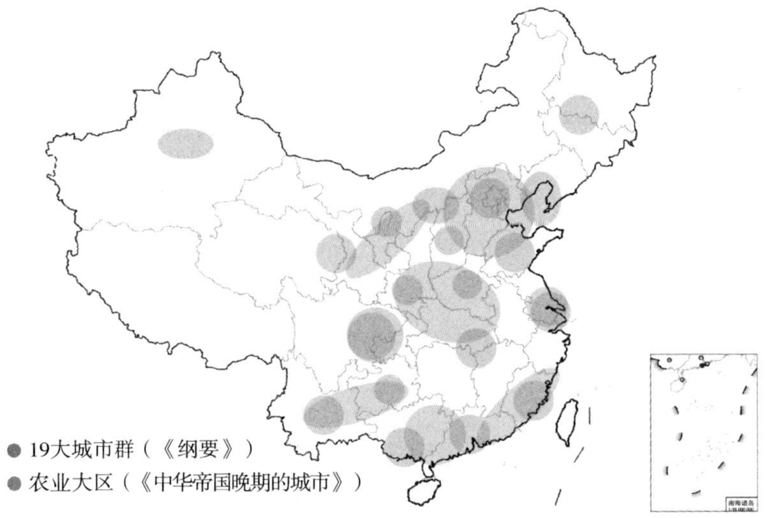

图5－4　施坚雅图形与当代19个城市群的对比

① 施坚雅：《中华帝国晚期的城市》，第248页。
② 参见施坚雅：《中华帝国晚期的城市》，第9页。这些区域体系相对独立。

相对于前面提到的“东/中/西”或“南/中/北”的宏观三分法，施坚雅的区域经济社会层级体系以及我国当前实施的城市群规划提供了一种中观层面的现代村庄分类思路：今天的村庄分类不能像以前那样将村庄类型的主要成因归结为自然环境差异和历史上积淀而成的人文环境差异，而应高度关注区域中目标村庄与中心城市的城镇化关联度。

四、高速城镇化“涡旋效应”之一：乡村世界的“圈层空间折叠”与“发展运气”

施坚雅自陈，他的“中心城市—一般城市—市镇—乡村”层级体系具有明显的“中心—边缘”二分结构。由于他的研究对象是数千年以“生物有机体演化方式”缓慢发展的中国农耕社会，所以那种“区域层级体系”明显是一种静态的稳定结构。其区域中心城市与一般城市之间、围绕着市镇的不同乡村之间固然存在着差异，但这些差异与今日高速城镇化所引发的各种相关差异不可同日而语。

与施坚雅笔下的农耕时代区域体系不同，高速城镇化时代的区域层级体系或城市群体系具有强烈的动力学特征：无论是区域中心城市还是区域中作为中小“中心地”的城市都形如快速旋转的“涡旋”，其强大的引力让区域内的市镇、乡村形成了一种“雁阵分布形态”，不仅迅速拉大城镇与乡村的距离，而且快速拉大乡村与乡村的差异或加剧发展不平衡。因此，一般地谈论“村庄”是靠不住的；采用“东/中/西”或“南/中/北”的宏观模式去谈论村庄类型也往往是迂阔无用的。进而言之，任何区域中村庄类型的首要区分原则是看目标村庄与区域城镇化进程的联系是否紧密。此外，这种区域内的城乡关系格局也往往是变动的，某个十余年前尚远离城镇化进程的乡村或许很快就消失在城镇化大潮中。为形象地表现这种区域城乡层级体系的动力学结构，本书引入城镇化“涡旋效应”假说。

“涡旋”假说的提出最早可追溯到四百余年前法国哲学家笛卡尔，他相信万物运动是以“涡旋”形式出现的。现代空间科学将这一概念引入空间研究，认为一个强大涡旋（如黑洞）的引力可以造成其辐射范围内的空间出现程度不同的折叠扭曲。离涡旋中心越近，空间折叠越明显，以此类推。这就是所谓“空间折叠”，它修正了“空间均匀分布”的传统看法。(见图5－5)

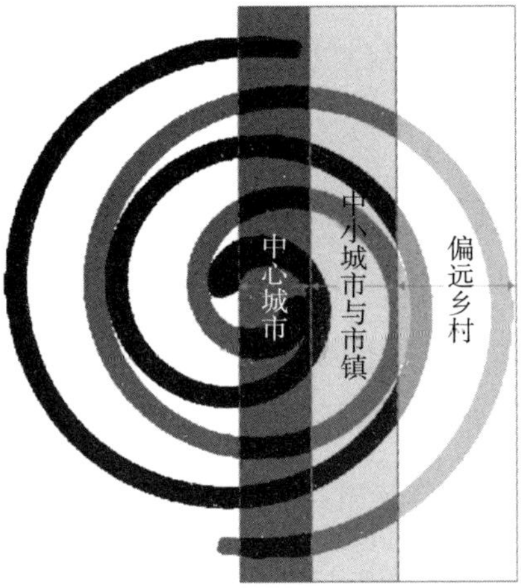

图5－5　城镇化涡旋效应示意图

“涡旋效应”以及“空间折叠”为当代区域城乡层级体系提供了生动的动力学解释模型。我们可以想象，对于多个以快速扩张的城市或城镇为涡旋中心的区域体系来说，在不考虑政府扶持、外来投资或互联网产业的个案条件下，任一乡村距离作为旋涡中心的城市越近，其“空间折叠”现象越明显；距离越远，其“空间折叠”现象越不明显。这里所说的“空间折叠”既可以指村落内部传统空间形态的改变，如延续千百年的村落格局或建筑设施的更易，也可以指村落整体形态属性的改变，如“村改居”将村落社区变为城镇社区；“城中村”将村落变为临时性的“城乡结合体”；“合（撤）村并镇”将某些村落“拔根”并入大型复合村落；而“荒村化”则意味着村落的自然死亡。

这个以城镇为旋涡中心、依据村落与城市的物理距离来解释其“空间折叠”程度的假说，与城乡规划领域占支配地位的“圈层理论”高度吻合。该理论可以溯源到1826年德国农业经济学家约翰·冯·杜能推出的名著《孤立国同农业和国民经济的关系》。作者在该书第一章依据“成本—价格”关系提出了以城市为中心的“圈层乡村产业布局”理论，他设想最靠近中心城市的第一产业圈层应该生产不适于长途运输的蔬菜、水果和牛奶；较远的几个圈层适合种植粮食谷物；再远的圈层适合畜牧业；而畜牧圈层之外则是荒无人烟的原野；等等（见图5-6）。[①] 借用这个“圈层理论”，我们将高速城镇化带来的村落“空间折叠”进一步表述为“圈层空间折叠”现象。

本书提出乡村世界的“圈层空间折叠”假说具有怎样的方法论意义呢？显然，它有助于改变将城市与乡村两分，并将乡村世界笼统视为一个平面整体的传统习见。在这种习见看来，一个区域内的乡村与乡村的差异是大同小异的，乡村之间的差异只是在诸如“东/中/西”这样宏观尺度下才明显存在。相比之下，“圈层空间折叠”可以为我

① 参见约翰·冯·杜能：《孤立国同农业和国民经济的关系》，吴恒康译，商务印书馆1986年版。

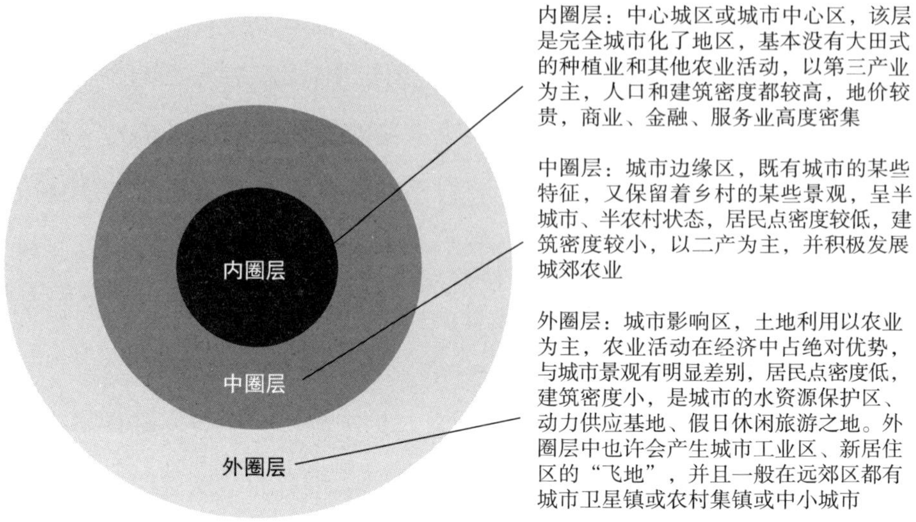

图5－6　当代城市规划中的“杜能圈层结构”

们呈现一个区域内部不同村庄的“**发展运气**”差异：在不考虑当地政府特殊政策倾斜或偶然外来投资运作个案的前提下，一个村庄是靠近区域引力中心城市还是处于城市引力边缘，其发展运气判若云泥。进一步看，一个西部地区靠近引力中心城市的乡村，其发展运气可能会高于东部地区处于城市引力边缘的乡村。由于越靠近引力中心城市，乡村的空间折叠现象越明显，可以想见，截至2019年我国分五批公布的6819个传统村落大都分布在相关区域层级体系的边缘地带（见图5－7）。

总之，如果说以往村庄类型划分的首要理由聚焦于自然地理差异或历史传统积淀，那么“圈层空间折叠”则提供了全新的村庄类型区分原则。根据这个原则，我们可以清晰地理解乡村研究学者选择目标村落的样本意义：传统文明资源保留较为完整的村落大多位于区域中心城市引力的边缘；反之，那些城镇化趋近度较高的村落则大多是处于中心城市附近的、空间折叠现象明显的村落。

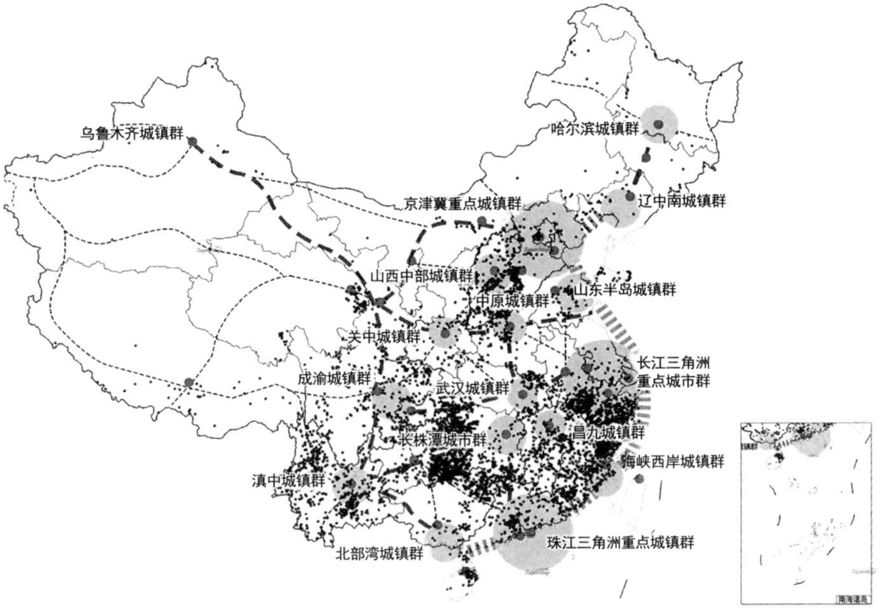

图 5－7　中国传统村落与城市群分布统计①

五、高速城镇化“涡旋效应”之二：乡村“人口多元”的新常态

乡村世界“空间折叠”不仅意味着村落不再是原来的村落，同时还意味着人群也不再是原来那个人群。伴随高速城镇化，我国越来越多的村庄从世居人口占主体变为多元人口占主体，甚至外来人口占主体。人口结构差异成为现代村庄类型的另一个重要刻画维度。

人群是文明的重要载体。传统村落之所以传统，传统村落之所以

① 本图参考自李严、姚旺、张玉坤、彭葳：《中国传统村落空间分布特征》，《中国文化遗产》，2020 年第 4 期。感谢天津大学建筑学院李严老师及其团队慷慨分享此图。

能延续传统，正是靠着数百数千年里世代相续的世居人口。他们以“根系式生存”的方式将村落的远古与未来连成一体，这正是“传统意义的传统”赖以存续的重要条件，人们因此相信传统村落是“乡土中国”的文明基因库。

然而上世纪80年代后我国乡村人口结构发生了千百年未有的巨变，高速城镇化使我们这个持续千百年的“低流动性人口国家”一变而成为“高流动性人口国家”。“1982年开始，我国流动人口从不到700万人迅猛增加到2020年的3.76亿人，平均每年增加971万人，近40年间增加了52.7倍，年均增长11.5%。”① 人口学家将这种“人口流动”分为“乡城流动”、“城城流动”和“国际流动”。② 其中，“城城流动”是指市民的跨城工作和生活，“乡城流动”则是指上世纪80年代尤其是90年代以后席卷全国的农民工大潮。对比而言，过去40多年“乡城流动”规模远大于“城城流动”，即使到了2020年，在3.76亿流动人口中，“城城流动”人口为8200万，剩余2.9亿多人中的绝大多数是“乡城流动”的农民工。

如此规模的“乡城流动”给传统乡村文明带来了两方面的重大挑战：其一，从特性上说，费孝通、赵冈等学者一再强调“乡土中国”的一个重要特征就是人口的低流动性，它造成人们世代延续的安土重迁意识，然而今天，乡村人口成为流动性最高的群体；其二，从文明或传统的承载主体来看，原本全国大多数乡村是以世居人口为主体的，但现在随着人口高流动性世代的到来，乡村的人口结构必然发生不可逆转的深刻变化。“人口多元”日益成为越来越多乡村的“人口新常态”。

---

① 程梦瑶、段成荣：《迁徙中国形态得到进一步确认》，《人口研究》，2021年第3期。
② 同上。

（一）“迁徙中国”和“城乡两栖”：一代农民工特有的过渡生活形态

从理论上说，过去40多年的城乡人口流动是双向的，既包括由农民工大潮形成的从乡到城的“乡城流动”，也包括伴随外来投资、外来产业进村而来的从城到乡的“城乡流动”。但实际上这种双向流动高度不对称。从总体看，“乡城流动”无疑是主流，“城乡流动”则显然是不成规模的。有学者对此解释说：“改革开放以来，我国城乡人口结构变化的主要特征表现为工业化带动的农村剩余劳动力大规模向城镇的迁移。迁移形式主要是以农民非农化的就业流动为主，为农业和非农业岗位之间的劳动报酬差距所驱动，城乡结构变迁也是我国人口红利逐步释放的过程。”[①] 无论怎样，数千年未有过的人口大规模流动造成当代中国乡村人口结构的大裂变。

人口学研究表明，改革开放后我国乡村人口向城市的涌流有几大促因。其一，上世纪80年代后，我国建制城镇迎来建设高潮：地级市从1983年的144个提升到1994年的206个；建制镇从1982年的2660个提升到1994年的1.67万个。批量城市（镇）的涌现意味着快速和大规模地征用土地进行城市基础设施建设，同时意味着快速吸纳规模人口。有学者依照1982年市镇人口统计口径指出，市镇所辖区域的人口比例（包括农业人口）从1982年的20.6%剧增到1990年的53.1%。[②] 但即使这样，另有学者指出，截至1990年我国流动人口对城镇人口变动的贡

---

① 王利伟：《2030年我国农村剩余人口约4亿人》，《北京日报》，2019年3月25日。

② 参见乔晓春：《户籍制度、城镇化与中国人口大流动》，《人口与经济》，2019年第5期。这里的“市镇人口”是依据1982年人口统计标准得出的，该标准被称为我国市镇人口统计“第一口径”。1990年该口径被修改，去除了市镇所辖区域农业人口，被称为“第二口径”。

献度还是非常低的，仅为 15.38%。到 2000 年、2010 年和 2020 年，这个贡献度分别攀升到 38.26%、50%和 61.44%。[①] 而这个高贡献度主要来自农民工进城。其二，受城乡二元体制的束缚，上世纪 80 年代农村剩余劳动力的主体尚盘桓在附近市镇，“离土不离乡”，较少卷入以大城市乃至特大都市为目标地的跨市、跨省流动。但 1994 年国家取消了粮票、油票等定点定量供应制度，人们日常的生活资料不再与户籍硬性捆绑在一起，这就为一波又一波“离土又离乡”的农民工大潮创造了条件。[②] 据统计，农民工人数从 2000 年的 1.21 亿跃升为 2010 年的 2.42 亿、2018 年的 2.88 亿，超过世界上第四人口大国印尼人口总数（2.68 亿）。[③] 根据国家统计局颁布的《2018 年农民工监测调查报告》，在 2018 年我国 2.88 亿农民工中，到本乡镇外就业的有 17266 万人，而外出农民工中进城农民工则有 13506 万人。

在大量农民工实现“乡城流动”的同时，外来投资或企业进村或日益壮大的回乡创业群体也将一些城市人口带向乡村。此外，为适应部分城市人口购买低价住房以及休闲养老的需求，不少城市附近的乡村发展相关房地产业或养老产业，吸纳了部分城市人口。然而，这个“城乡流动”不仅规模远不能与“乡城流动”相比，而且性质也全然不同：其一，大多发生在都市郊区的“城乡流动”其实是其城市化的一个阶段步骤；其二，一些“城乡流动”，如非法购买农村宅基地和小产权房，至今缺乏政策合法性；其三，随企业进入乡村（包括回乡创业）的城市人口尚不成规模。总之，在过去 40 余年里，城市群体大

---

① 参见程梦瑶、段成荣：《迁徙中国形态得到进一步确认》，《人口研究》，2021 年第 3 期。

② 同上。

③ 戚政烨、李一鸣、陆杰华：《高流动性的迁徙中国：脉络、特征、挑战与应对》，《人口与健康》，2021 年第 6 期。该文提供数据：2010 年，全国农民工总量 2.42 亿人；2020 年为 2.86 亿人。

规模返乡的所谓“逆城市化”并不成气候。

由农民工大潮牵引的大规模人口流动不仅在中国数千年未见，在世界上也是史无前例。人口学者对此提出了“迁徙中国”这个具有高度概括性的命名。动物学中的“迁徙”往往特指每年按季节往返于两地的群体活动，据此而论，“迁徙中国”天然内含着一种“城乡两栖中国”的意思：广大农民工的“家”一半在乡村，一半在城市；在乡村的家是稳定的，在城市的家是临时多变的。每年在固定的节假日，数亿农民工便往返于城市的家与乡村的家。

无论“迁徙”还是“城乡两栖”都表明一个事实：尽管过去几十年高速城镇化吸纳了大量乡村人口，但对于比例相当大的农民工而言，他们在目标城市的辛勤劳作并不能轻易换来城镇户口——他们依然是“都市里的农民”，是目标城市中的“暂住者”，他们在目标城市中的“家”不过是一叶随波逐流的小舟。不少大城市尤其是特大城市在农民工及其家庭的吸纳方面存在相当多的与户籍相关的政策障碍，农民工家庭难以像市民一样享受教育、医疗、养老以及购房等多方面的政策优惠，难以承受所在城市的高额生活成本。“梁园虽好，不是久恋之乡”，这是大量农民工仆仆于城乡之间、成为“城乡两栖”群体的根本原因。

随着我国城镇化在不同层级城市展开，“城乡两栖”日益意味着“家分多地”。近十多年来，一些中小城市和乡镇为吸引人口加大政策开放力度，许多农民工家庭作出“在大城市挣钱，到中小市镇购房安家”的选择。对他们来说，“家”至少由三个空间组成：第一个是乡下老家，第二个是打工城市的暂住地之家，第三个是在中小市镇购房落户的家。

如何看待“城乡两栖”“家分多地”的现象？一些学者将其视为

中国现代乡村的“家庭新常态”。这是有待探讨的。尽管目前我国确有数亿农民工奔波于城乡之间，其家庭犹如一个“撑起在农村和城市的伞”。但应当看到，这样的“城乡两栖”并不是农民工自主选择的结果，它包含着一种被动接受的无奈。这种“被动的城乡两栖”在道义上是需要批判的，在现实中至多是个过渡状态。就我国发展来看，它毋宁说属于“第一代农民工现象”。对大多数成长起来的“农二代”来说，乡下老家只是父辈的记忆和情感寄托，跟他们只有一些偶然的联系——他们渴望成为或正在成为城市的人群。近来有学者撰文指出，由于“城乡二元”结构尚未根本改变，许多“农二代”在成家之后依然延续着父辈的“城乡两栖”生活方式，延续着传统乡村传递下来的家庭意识。然而，从发展的角度看，这种现象依然具有过渡的性质。

（二）当代中国村庄人口类型的光谱轴

虽然目前农民工里依然保持着相当规模的“城乡两栖”人口，但持续几十年的“乡城流动”确实让不少农民进入城镇。1990 年，我国城镇常住人口 3.07 亿，2000 年、2010 年和 2020 年，这个数字分别增长为 4.56 亿、6.66 亿和 9.02 亿。这其中大部分增长的人口来自乡村。

城市人口迅速增多自然导致乡村人口相应减少。据统计，截至 2018 年，我国仅有 6.5% 的村庄没有劳动力外流。换句话说，人口外流、乡城流动的村落占 93.5%。值得一提的是，虽然乡村人口外流早在上世纪 80 年代就已出现，但由于当时人口生育率提高，在 1978—1995 年乡村人口依然从 7.9 亿增加到 8.59 亿。在这之后，随着跨地区、跨省农民工大潮涌起，乡村人口每年以 1.7% 的速率下降，从

1995 年的 8.59 亿下降到 2015 年的 6.03 亿，[①] 直到 2020 年第七次人口普查统计时的 5.1 亿。25 年间减少近 3.5 亿人口，比 1995 年乡村人口最高峰值时下降了 40.6%。

也正是在这个时期，我国自然村落和建制村也快速减少。前文已提到，1991 年我国尚保留着 420 余万自然村落，到 2012 年这个数字跌落到 260 余万，22 年减少了 38%。而建制村数量自上世纪末开始也大量减少，据统计，1990—1994 年我国建制村数量最高峰时达到 100 万~101 万个，到 1999 年减少到 80 余万个，2008 年减少到 60 余万个，到 2010 年更是减少到 59 万个。[②] 造成建制村大量减少的主因是新世纪之初相关地区的村镇体制调整，但它与自然村迅速减少的大背景也密切相关。

大规模人口外流势必造成村落人口结构的变化，但它并不是造成这种结构变化的唯一原因。另一个重要原因是乡村的人口流入，包括从城到乡的人口流入，也包括从乡到乡的人口流入。其中尤以以下几类村庄最为典型。

其一是城郊融合型村庄：这些村庄处于不断扩张的城市边缘，“城中村”就是它的代表。它们在基础设施建设等方面深受城市影响，由于耕地减少，房租低廉，吸引了大量外来廉租群体，并相应带动了

---

① 李钰、韩一军：《1978—2015 年我国乡村人口变化分析》。需要说明，该文的乡村人口数据应当是指常住人口而非户籍人口。唐鸣、谭英在《关于建制村数量和规模的几个问题》（《当代世界社会主义问题》，2016 年第 1 期）中从户籍人口角度出发，指出“从 1985 年到 2014 年，虽然我国农业人口占总人口的比例不断降低，但其绝对数量却没有大的变化，1985 年为 8.34 亿，2014 年为 8.73 亿，……人口最多时曾经达到 2000 年的 9.14 亿”。

② 参见唐鸣、谭英：《关于建制村数量和规模的几个问题》，《当代世界社会主义问题》，2016 年第 1 期。作者指出，建制村迅速减少的主因不是“村改居”，即“农村地区转变为城镇地区的行政区划调整，……而是因为农村人口向城镇的移民”。此外还有一个重要因素是 2000 年后“为因应村镇体制改革、农村税费改革的需要”而实施的“村庄合并”。

低端服务业。

其二是撤并搬迁型村庄：撤并搬迁是近年来自然村落减少的重要原因。其撤并形式是把几个村子并入一个骨干村，或者是由几个村子合并成一个新村。由于人口大量外流而形成的“空心村”和“荒村”无疑是主要撤并对象。除此之外，撤并还包括因国家或地方重要开发项目而导致的村落搬迁，以及某地区对自然生态条件不良的村落进行的改善性搬迁。对于这些新村，尤其是以骨干村为基础的新村来说，撤并造成大量外来人口流入。

其三是产业发达型村庄：这类村庄由于拥有一个或多个龙头产业，吸引了大量外来人口，既包括从城市而来的投资者和经营者，也包括由其他村庄进入企业的人口。另有一些村落，尤其是特色保护类村落，因为成为文化旅游目的地而发展起相关服务业，吸引一定规模的外来人口。

总之，短时期内大量人口的流出和流入深刻地改变着我国大量村庄的人口结构，人口结构差异构成现代村庄类型研究的一个重要观察视角。用光谱轴来表现村落人口结构的差异，我们可以假定：光谱轴的 A 端是人口流动性很小的村庄，那里的人口主体依然是传统的世居人口；与之相反，光谱轴的 B 端则是人口流动规模极大的村庄，它的人口主体是多元成分的外来人口，它与大都市中的社区几无区别；而在光谱轴的 A 端到 B 端之间，则分布着不同比例的“世居人口/外来人口”混合体。①

参照前面提到的“圈层空间折叠”假说，我们不难想象，不同人口结构类型的村庄分布也是有规律可循的：越靠近地方中心城市或都

① 以世居人口为主的村庄包括那些因为人口单纯外流而造成的“空心村”。

市的村落，其人口结构越多元化，越接近于城市社区；而越接近城市引力中心边缘的村落，其人口结构的变化越缓慢。

需要说明，我国依然处于城镇化快速发展的时期，不同地区乡村的人口结构将会日益从单一的世居群体转变为混合的多元群体，乃至最后从结构形态上与城市社区毫无二致，“人口多元”会成为越来越多乡村的人口新常态。

六、高速城镇化“涡旋效应”下的乡村世界新常态

以上，我们通过构造高速城镇化的“涡旋效应”、“圈层空间折叠”以及村庄“人口多元新常态”等新概念，对改革开放以来我国高速城镇化给乡村世界带来的影响进行了概括，它主要包括：

其一，高速城镇化在我国形成了“多中心、多层次、多节点”、具有明显动力学结构的区域城乡层级体系。在每个体系中，城镇化带来的“涡旋效应”拉大了城镇与乡村、乡村与乡村在空间形态和人口结构方面的差异：越接近中心城市的乡村，其“空间折叠”现象越明显，“人口多元”现象越成为新常态。这种情况使我们很难笼统地谈论作为平面整体的乡村，它要求对乡村进行新的类型学研究。

其二，前面提到，自上世纪20年代以后，传统乡村文明内隐的意义世界在一次次革命中陷入崩溃，由此造成其“符号载体的空壳化”。但“空壳化”毕竟还意味着能指载体的存在。如今，经历了40余年的高速城镇化，越来越多的传统村落的外部空间形态和人口结构发生了颠覆性变化，那里的传统乡村文明失去了其最后的物理性能指载体，失去了其得以保存延续的群体生命条件，失去了最后的栖身之所。

其三，由于以上原因，“乡土中国”在高速城镇化大潮中走向了它的尽头，而它未来的替代范式绝不是、也不应该是所谓“迁徙中国”或“城乡两栖中国”。应该看到，以农民工为主体的“迁徙”或“城乡两栖”只是我国城乡二元结构尚未彻底消除背景下的城镇化过渡形态，我们不能在理论上或政策上将其固化。

其四，前面提到，新中国成立后的前30年我国经济社会文化发展具有强烈的“政治本位”色彩。对比而言，改革开放后的高速城镇化则表现出鲜明的市场经济逻辑，但它仍然不是单一“市场本位”的。过去40余年我国城镇化的每一次重大升级都离不开国家出台的引导力极强的相关政策。1982—1986年，中央连续出台了5个以“农业、农村和农民”为主题的一号文件。此后，2004—2022年，又连续19年出台关于“三农”问题的一号文件。它体现了这个国家将乡村问题视为重中之重的国策的传统。此外前面提到，无论是上世纪80年代的“工业城镇化”，还是90年代起出现的“土地城镇化”，其背后都有来自政策的强大推动。

相对于“土地城镇化”“城乡两栖”发展阶段等，国内学界近年来日益关注2012年以来的中国乡村发展路向，这个路向被明确地概括为“城乡融合”——“城乡融合中国”成为对现在和未来城乡关系演变、乡村发展逻辑的高度概括。那么，从乡村文明建设角度来看，“城乡融合中国”与“乡土中国”之间是否存在着创造性转化的历史文化线索呢？人们在何种意义上可以瞻望一个与传统连续，又具有全新形态的乡村文明呢？

第六章

C H A P T E R 6

乡村文明范式转型：
从“乡土中国”走向“城乡融合中国”

本书依次考察了“乡土中国及其解体”、“城乡二元中国”和“城乡两栖中国”三个阶段，现在进入我国百年乡村发展的第四阶段，即“城乡融合中国”阶段。本书遵从学界部分学者的看法，将该阶段的起点确定在2012年。

从百年分期来看，“城乡融合”仅仅是我国乡村巨变的四个阶段之一，它是人们能够设想的城乡关系的最后阶段，因而具有超乎其他阶段的意义。在观念史学的叙事中，“最后”（the end）有两个含义：一个是特定时间段的终结；另一个是确定目的的实现。城乡融合阶段是历史发展的“合目的性”结果，因此相关研究应该包含对这种合目的性的揭示与反思；它是对**过去**历史阶段经验教训的总结，也要为**未来**的发展目标奠定社会道义基础。基于这种合目的性的城乡融合对我国过去乡村发展、城乡关系发展的病症必然显示出诊断治疗的意义。本书尤其关心以下两个方面。

其一，在政策层面上，城乡融合阶段的各项举措应是对新中国成立以来长期存在的“城乡二元”体制、“城乡两栖”生存状态的反拨性治疗。

其二，从历史哲学角度来看，“城乡融合中国”代表着与“乡土中国”有关而又不同的“乡村文明新范式”，在社会发展层面亦可被称为“乡村文明新形态”。

由此，从政策层面探讨“城乡融合”与“城乡二元”体制的关系，从历史哲学方面审视“城乡融合中国”与“乡土中国”这两种文明范式的关系，就构成了本章论述的双焦视点。

本章涉及的基本问题是：“城乡融合”是不是我国城乡关系的最后阶段？“城乡融合”进程中的乡村具有哪些重要特征？构建乡村文明新形态或新范式究竟是对传统“乡土中国”文明范式的复归和重建，还是城市社区文明的翻版？在乡村经济形态、社会组织和人的思想观念与城市日益趋近的情况下，或者说在现代城市发展逻辑日益覆盖乡村区域的情况下，是否还存在着使乡村成为乡村、使乡村的存续具有合法性理由的“乡村性”？

一、“城乡融合”历史阶段的政策标志

学界对“城乡融合”的历史阶段划分有不同看法。一种认为，“城乡融合”是对新中国成立初确立的“城乡二元”或“城乡分割”体制的否定，鉴于我国从计划经济转向市场经济的改革本身就是“城乡分割的体制不断被打破，城乡关系不断走向融合”的

过程，[①] 因此应当把“城乡融合”阶段的历史起点放在上世纪 80 和 90 年代。根据这样的看法，新中国成立以来的全部历史，甚至包括从现在到 2049 年的全部历史，只需分成两个阶段，即“城乡二元”的历史阶段和打破“城乡二元”暨“城乡融合”的历史阶段。这个看法相当有道理，提醒我们“城乡二元”体制的解体不是近 10 年才发生的。

然而更多学者将“城乡融合”阶段的起点确定在 2012 年，理由在于：我国市场经济建立之初并没有立刻消除“城乡二元”体制，由于这个体制框架在高速城镇化时期依然起着作用，因而在改革开放的前 30 年，全国范围内的城乡差距、城镇居民和乡村居民生活水平的差距，不仅没有缩小，反而逐渐拉大。只是在近十几年，我国“城乡融合”的理论探讨和政策思路日渐清晰成熟。事实确是如此。2014 年 3 月，中共中央、国务院出台《国家新型城镇化规划（2014—2020 年）》确定，从 2014 年到 2020 年我国常住人口城镇化率要从 53.7% 提升到 60% 左右，户籍人口城镇化率要从 36% 提高到 45% 左右。[②] 有学者评价说，这是自上世纪 80 年代“工业城镇化”、90 年代以后的“土地城镇化”之后开启的“人口城镇化”新阶段。推动乡村人口城镇化，改变数以亿计的农民工“城乡两栖”的生活状态，是数十年来对“城乡二元”或“城乡分割”体制的最大力度的反拨。

2017 年 10 月，中共十九大提出了“乡村振兴战略”，要求按照产业兴旺、生态宜居、乡风文明、治理有效和生活富裕的总要求“建立

---

① 参见张海鹏：《中国城乡关系演变 70 年：从分割到融合》，《中国农村经济》，2019 年第 3 期。

② 事实上，根据第七次人口普查统计，2020 年我国城镇化率达到 63.89%，户籍人口城镇化率达到 45.4%。

健全城乡融合发展体制机制和政策体系”。这一思路在随后召开的中央农村工作会议被明确表述为：“走中国特色社会主义乡村振兴道路，必须重塑城乡关系，走城乡融合发展之路；推动新型工业化、信息化、城镇化、农业现代化同步发展，加快形成工农互促、城乡互补、全面融合、共同繁荣的新型工农城乡关系。”在这段话中，**“重塑城乡关系”“城乡融合发展”“新型工农城乡关系”**等提法耐人寻味、值得高度关注。

根据这个判断，2019 年 4 月《中共中央国务院关于建立健全城乡融合发展体制机制和政策体系的意见》问世，强调协调推进乡村振兴战略和新型城镇化战略，以缩小城乡发展差距和居民生活水平差距为目标，以完善产权制度和要素市场化配置为重点，促进城乡要素配置合理化、基本公共服务均等化、基础设施联通化、产业发展融合化、居民收入均衡化，加快形成工农互促、城乡互补、全面融合、共同繁荣的新型工农城乡关系。该建议的出台意味着“城乡融合”迈出了从理想、理论到政策现实的重要一步。

需要指出，尽管本书同意将“城乡融合”阶段的起点确定在 2012 年以后，但也意识到，“城乡融合”在我国确实不是一蹴而就突兀形成的政策思路。李一和高红在《中央政府推进城乡关系协调发展的注意力配置研究——基于 21 份中央一号文件文本的分析》中系统追溯和梳理了上世纪 80 年代后，中央历次一号文件关于城乡关系问题的政策表述，指出文件中关于统筹城乡发展、促进城乡一体化、建立健全城乡融合发展体制机制的文字占比逐年增加，理论和政策话语日渐清晰稳定，政策力度也逐步增大。譬如 1982 年的第一个一号文件一方面提出“要教育农民顾全大局，保证按规定质量完成农副产品交售任务，支援工业、城市和出口”，另一方面要求“加大城市对农村发展的支持力度”。而在2006年一号文件则提出“加快建立以工促农、以城带乡的长效机制”，加快建立逐步改变城乡二元结构的体制，实行城乡劳动者平等就业的制度，建立健全与经济发展水平相适应的农村社会保障制度。这些思想在2007年中共十七大报告中则被系统概括为“形成城乡经济社会发展一体化格局”的基本构想，包括“城乡规划一体化、产业发展一体化、基础设施建设一体化、公共服务一体化、就业市场一体化和社会管理一体化”等六个方面。顺承这个思路，2012年以后，中央一号文件日益关注重塑新型城乡关系的呼唤，显示鲜明的问题导向和价值导向，其目标是“尊重城乡发展特色，满足城乡发展需求，最终实现城市与乡村全面发展”。①

二、改革开放之初学界对“城乡融合”的探索

从我国学界来看，对“城乡融合”“城乡一体化”的学术探讨由来已久。早在上世纪40年代，费孝通就提出中国城市和乡村应消除对立关系，形成互补的良性关系。② 在改革开放以后，学界关于“城乡融合”或“城乡一体化”的文献日益丰富而成熟。③

1987年，张小军发表《城乡社区发展的三种融合模式》指出，“城乡一体化的融合模式，是把城市和乡村放在一个系统中加以考察，

① 参见李一、高红《中央政府推进城乡关系协调发展的注意力配置研究——基于21份中央一号文件文本的分析》，《成都行政学院学报》，2020年第1期。

② 参见费孝通：《中国士绅——城乡关系论集》。关于城乡的对立与互补，见该书第131页；关于城乡差别的不断扩大，见该书第149页。

③ 需要提及的是，目前搜检到比较早论述“城乡融合”的文章是《瞭望周刊》1984年发表的一篇短文《要注意城乡融合的动向》，作者是时任山东省潍坊市市长韩理。

进行全面的协调和规划。城乡一体化包括这样两个层次：第一层次是，当地区生产力水平较低，而乡村和城市单一率先发展都无优势时，则要利用城乡联合的系统化优势，实现低水平的城乡一体化协调。……第二层含义，是当地区生产力发展水平较高时，要实现高层次的城乡融合，就要以高水平的城乡一体化协调来促成。在这个时候，城乡对立将濒于消灭，城市和乡村将有机地联成一片，乡中有城，城中有乡，彼此嵌套，彼此呼应，乡村生活水平甚至高于城市”。该文的论述至今看来比较前瞻，也比较抽象，文章最后承认：“本文所述尚不能给出城乡融合的具体模式，而这亦正是需要我们去深入研究的。”①

相形之下，居福田 1990 年发表文章《论城乡一体化》，依据苏南经验对我国“城乡一体化”提供了更具细节的想象图景。他认为，相对于一些西方国家的单一“城市化”发展模式，我国更适合走“城乡一体化”的道路，具体可分为三个阶段：第一阶段是发展小城镇和乡镇企业，扩大城乡经济、科技、教育和文化的交流联动；第二阶段是在实现城乡紧密联结协调的基础上，“进一步进行城乡社区整合，逐步实现城乡一体”，包括打破城乡二元户籍管理体制，造就城乡一体的社区组织体系，促进城市现代文化与乡土文化交互作用，使城乡文化逐步融合；第三阶段是“在进行城乡社区整合实现城乡一体和城乡生产力高度发达基础上，最终实现城乡融合”。作者特意解释说，这种城乡融合不是要“取消城乡社区分工和城乡产业分工，也不是消除城乡空间形态的差别”，而是要从“本质上消灭城乡对立”。②

顾孟潮 1991 年引介日本学者岸根卓郎著作《迈向 21 世纪的国土

① 参见张小军：《城乡社区发展的三种融合模式》，《社科科学》，1987 年第 11 期。

② 参见居福田：《论城乡一体化》，《学海》，1990 年第 3 期。

规划——城乡融合系统设计》，强力推荐该书为克服日本城市发展的弊端而提出的“城乡融合系统设计”理念，建立融“自然—空间—人类系统”于一体的“理想的定居社会”。几乎与此同时，王品潮等不少学者也就城乡经济融合等问题撰文探讨。

三、近年“城乡融合”研究关注的焦点问题

上世纪下半叶学界关于“城乡融合”的探讨相对抽象和富于想象，因为当时的城镇化率仅有 20% ~30%。近 10 年来，随着城镇化率突破 50%（2011 年），随着城乡发展不均衡的矛盾空前凸显，“城乡融合”不再是抽象的理论想象，更是在回应现实发展的巨大需求，因此国内的相关理论和政策研究日益务实和具备可操作性。这表明，我国几十年的高速城镇化进程虽然相比先发国家具有明显的“压缩性”和“政策引导”色彩，但其不同阶段的衔接跨越依然是个符合规律的“自然历史过程”。现实发展与理论探讨、政策引导循环互动，迭代更新，这是近几十年中国特色乡村发展的重要特点。

社会科学和政策研究领域的“城乡融合”探讨涉及经济、政治、社会、文化、生态等方方面面。近年热议话题包括“全面推进乡村五大振兴战略”、“走共同富裕的道路”、“全面深化城乡户籍制度改革”、“探索乡村再组织化形式，创新乡村治理模式”、“改善乡村公共服务产品的供给模式，提高乡村在教育、医疗、文化和社会保障等方面的公共服务水平”以及“到 2035 年实现城乡公共服务均等化，显著缩小城乡区域差距和居民生活水平差距”等等。这些议题通常表现出高度靶向性的“治疗意识”，它们针对的问题包括：城乡生产要素集聚

程度和劳动生产率水平的差距拉大；城乡之间公共服务和社会福利水平差距拉大，民众生活水平和幸福感的差距拉大；城乡基层的组织化程度差距拉大，不少乡村基层组织涣散，数亿离开家乡的农民工成为缺乏高度组织的庞大群体；等等。谈到这些病症的根源，大多数研究都指向数十年来顽固存在的“城乡二元”或“城乡分割”体制，而其根治手段就是要尽快从观念、体制和现实层面实现从“城乡二元”发展范式向“城乡融合”发展范式的转换。下面仅列举三个观点。

（一）破除二元体制，努力实现“城乡一样化”

张海鹏在《中国城乡关系演变70年：从分割到融合》一文中指出，近年来我国进入“全面建立城乡融合体制机制阶段”，针对几十年我国城乡关系存在的问题，必须实行以下破解之道。

其一，“深化户籍制度改革，提高城镇化率”。文章认为，我国户籍制度除限制人口流动外，还被附着诸如养老、就业、医疗、子女就学以及购房购车等多种利益，极大地妨害了城乡居民的平等权利。为此应“进行全面的户籍制度改革”，提高中小城镇在转移乡村人口方面的潜力。

其二，“优先推进城乡发展中需要一样化的内容，实现城乡融合发展重点突破”。文章认为，对“城乡一样化”不能作表面化的理解，它的重点在于强调“城乡统一规划”要力求做到城乡发展标准“一样化”，不能降低乡村在教育、医疗、社会保障和就业等多方面的标准，真正实现“城乡基本公共服务均等化”，缩小和消除乡村居民与城镇居民在个人基本生存、基本尊严和基本健康等方面的差别。

其三，要“加快城乡要素市场一体化进程”。文章认为，推动城乡要素市场一体化是实现城乡融合的最薄弱环节。为此需要改革现有土地制度，充分发挥市场在配置土地资源方面的决定性作用。实现政府从土地经营者向公共管理者身份的转变，让农民从土地制度改革中获益，并“打通要素从城市向农村流动的障碍”。

其四，要“推动乡村三产融合发展，建立城乡融合产业基础”。文章认为，在目前二元经济背景下，我国农村比较劳动生产率远低于发达国家。为此要突破“土地和资本”的各种制约因素，注重发展多种乡村农业新业态和新模式，“加快新型职业农民制度体系建设”，“吸引外出农民工、大学生、城镇科技人员、企业主等返乡创业”。[①]

值得注意的是，张海鹏的文章不仅满足于政策和学术领域多年使用的“城乡一体化”这样的定性判断，而且采用了多年来人们一直批评诟病的“城乡一样化”的说法，为其正名。从这篇文章来看，“城乡一样化”是指在制定城乡规划时不能降低乡村在教育、医疗、社会保险、公共服务等方面的标准，换句话说，是指城乡建设指标的“一样化”，目的是杜绝人们利用“一体化”的模糊陈述在乡村各领域的建设指标中掺水。这个提法令人印象极为深刻。

（二）重提乡村“组织化”，转向“城乡社会治理一体化”思路

乡村发展不仅有赖于对“城乡二元”体制的改革，也有赖于乡村社会组织的重建，有赖于乡村社会治理能力和水平的提升。近 20 年来，有学者一再疾呼要关注“乡村的去主体性”问题，重视当代乡村的“再组织化”问题，[②] 这有其不可忽视的背景：上世纪 80 年代初人

① 参见张海鹏：《中国城乡关系演变 70 年：从分割到融合》，《中国农村经济》，2019 年第 3 期。

② 参见吴重庆、张慧鹏：《以农民组织化重建乡村主体性：新时代乡村振兴的基础》，《中国农业大学学报》（社会科学版），2018 年第 3 期。

民公社制度消亡，乡村集体化程度和基层行政组织的权威性大幅削弱，数以亿计的农民工从乡到城的流动不仅造成了大量“空心村”“空巢村”，而且造成乡村基层组织“空心化”，庞大的农民工群体的生活状态陷入高度“非组织化”。从1978年以前的“高度组织化”反转为80年代以后的“高度非组织化”，这种情况令一些学者感到触目惊心。

王宏甲在《走向乡村振兴》一书中提到，百年来中国革命的一个根本经验就是“组织起来”，它彻底改变了数百年来尤其是1840年以来中国广大民众特别是乡村民众的“一盘散沙”状态。但近几十年来许多乡村重新陷入涣散状态，缺乏组织的乡村民众成为市场经济中的弱势群体。为此他走访全国数10个地区，以贵州毕节和山东烟台两地党组织领导民众重走合作化道路的经验，指出“把农民重新组织起来，发展壮大集体经济，是巩固拓展脱贫攻坚成果，走向乡村振兴的必要举措”。

“乡村组织化”的一个重要议题是如何处理好党的领导与提高基层群众自治的关系问题。一些学者疾呼党和政府要加强对乡村基层经济、政治和文化领域的全面领导；而另一些学者认为，应该加强和提高乡村民众的自组织能力。有文章提到，原本基层乡村中的村委会、村小组定位是村民自治组织，主要功能是打通基层政府和村民间的联系，但现在不少村委会越来越“行政化”，与村民的关系日益疏远，在涉及土地承包、村庄拆并等重大村民利益的问题上日益成为政府的帮手，因此如何重塑村民基层自治组织成为当代乡村治理面临的重要问题。①

① 王春光：《中国乡村治理结构的未来发展方向》，《人民论坛·学术前沿》，2015年第3期。朱晓阳：《从乡绅到中农》，《中国农业大学学报》（社会科学版），2018年第1期。

2019 年 6 月，中共中央办公厅、国务院印发《关于加强和改进乡村治理的指导意见》，提出“建立以基层党组织为领导、村民自治组织和村务监督组织为基础、集体经济组织和农民合作组织为纽带、其他经济社会组织为补充的村级组织体系。……增强村民自我管理、自我教育、自我服务的能力”，形成“党组织领导的自治、法治、德治相结合的乡村治理体系”。该意见提出，“各种政府机构原则上不在村级建立分支机构，不得以行政命令方式要求村级承担有关行政性事务”，等等。

然而，上述关于乡村基层治理的探讨和政策，总体上说还是因循着“**乡村本位**”的理论和政策范式，也就是说，这些办法是为乡村基层量身定制的，它不适合城市基层社会组织。对此党国英撰文指出，今天的乡村基层治理研究应实现**从“城乡二元”体制思路转向“城乡社会治理一体化”思路的转变**。文章指出，将社会治理截然两分为“城市治理”和“乡村治理”，本身就是“城乡二元结构”在社会治理领域的表现。作者高度评价 2019 年底中共十九届四中全会提出的“加快推进市域社会治理现代化”的政策主张，指出“‘市域’，当然是一个城市包括乡村的全部辖区，而不只是城市建成区”。[①] 这意味着要超越以往学界单纯从“村庄治理”、“村民自治”以及“村民委员会选举”等角度谈论乡村基层治理、基层自治的理论视角。文章认为，城乡社会治理一体化要实现“财产权的城乡一致性”“公共服务城乡覆盖水平、享受水平基本无差异”“承载社会治理功能的权威机构在城乡的设置无差异”。

---

① 党国英：《论城乡社会治理一体化的必要性与实现路径——关于实现“市域社会治理现代化”的思考》，《中国农村经济》，2020 年第 2 期。

显然，城乡社会治理一体化的判断蕴含着一个重要观点：在城乡一体化规划中，不应再将乡村社区与城市社区区别对待，乡村社区治理应与城市社区同等实现张海鹏文章中所说的“一样化”标准。这个看法意味着乡村基层社会与城市基层社会趋于同构。

（三）“县域推动”是现阶段“城乡融合”的体制支撑点

不仅如此，“城乡社会治理一体化”“市域社会治理现代化”的范式在我国目前城镇化发展阶段还意味着要高度关注“县域”这个基本单元，意味着在行政体制方面要增加对县级行政单位的赋权。“乡村振兴，县域推动”应该成为现阶段区域行政体制改革的重点。王立胜撰文指出：“从历史和现实视角出发，以县为乡村振兴战略的基本落实单位，可以更好地构建县域治理体系，发展县域经济，推动内缘型城乡融合发展，将乡村振兴战略落到实处。”① 杨华指出：“乡村振兴与新农村建设有着本质区别。乡村振兴的基本单元应该定位在大都市之外县域范围，包括县城、集镇与村庄的统一体。乡村振兴不是村庄振兴，它本质上是县域的全面振兴。以县域为基本单元的乡村振兴，既能实现城镇化与乡村振兴同步发展，又能协调基础建设与全面振兴的辩证关系，还契合了农民渐进城镇化、半城镇化的特点，能够在人与资源上实现城乡融合发展。……推进乡村振兴要有空间视野，不能把乡村振兴局限在村庄，也要有时间视野，不能把乡村振兴的近期目标与中长期目标混同，搞急功近利式的乡村振兴。”②

显然，“县域推动”是我国现阶段“城乡融合”进程的重要纽结，

① 王立胜：《以县为单位整体推进：乡村振兴战略的方法论》，《中国浦东干部学院学报》，2020 年第 4 期。

② 杨华：《论以县域为基本单元的乡村振兴》，《重庆社会科学》，2019 年第 6 期。

它体现了国家优先发展中小城镇思路的基本逻辑。在2022年初发布的中央一号文件中，“县域推动”的表述呼之欲出：“加快推进以县城为重要载体的城镇化建设。加强普惠性、基础性、兜底性民生建设，推动基本公共服务供给由注重机构行政区域覆盖向注重常住人口服务覆盖转变”，“支持大中城市疏解产业向县域延伸”，“发展县域范围内比较优势明显”，“加强县域基层创新”，“加快完善县城产业服务功能”，“实施县域商业建设行动”，“实施县域农民工市民化质量提升行动”，等等。

我国有关“城乡融合”的文献浩如烟海，以上文章和政策文献不啻沧海一粟。但文献虽多，其基本思路都是一个：要在乡村发展模式上彻底实现从“城乡二元”向“城乡融合”的转变。为此，要超越“就村庄谈村庄治理”“就乡村谈乡村振兴”的“乡村本位”的理论范式，在“城乡一体化”的层面将乡村振兴与新型城镇化的思路集成起来。唯有这样的范式转换才能实现城乡要素配置合理化、基本公共服务均等化、基础设施联通化、产业发展融合化、居民收入均衡化的目标，实现缩小城乡发展差距和居民生活水平差距的目标。

四、从“乡土中国”到“城乡融合中国”之一：文明范式转换的道义基础

社会科学或政策研究领域对“城乡融合”的探讨务实专业、具体而微，其关注研究具有明显的政策取向；历史哲学领域更关注的问题是，在促进“城乡融合”的种种政策举措或思路背后透露着怎样的历史文化信息？“城乡融合”理念提示着怎样的文明变迁含义？在传统

乡村文明遭遇百年解构之后，我们能否想象和建构当代中国乡村文明新形态？简言之，**如果说在社会科学和政策研究那里，从“城乡二元”到“城乡融合”意味着乡村发展范式的转换，那么在历史哲学那里，从“乡土中国”到“城乡融合中国”意味着乡村文明范式的转换**。

无论是“中国乡村文明的变迁”，还是“从‘乡土中国’到‘城乡融合中国’”，这两个语句都提示着“从 A 到 B”的语句结构，换句话说，A 与 B 在这里是两个差异项。这是显而易见的。譬如从时态来看，“乡土中国”作为传统文明范式是“过去时—完成时”的，而“城乡融合中国”则是“现在时—未来时”的新范式。用斯宾格勒的说法，前者是“已成的事实”（being），后者是“正在生成的现实”（becoming）。

这种时态差别还蕴含着方法论上的差别：“已成的事实”可以成为本质主义理解的对象，人们相信它具有已然塑形固化的、使它与其他对象区别开来的意义要素与规范结构，经过数千年积淀成形的“乡土中国”就是这样的对象，从新文化运动以来，多少学者对它进行了本质主义的特质概括；反过来，“正在生成的现实”则具有恩斯特·布洛赫所说的“尚未（not-yet）结构”，这意味着它更适合作为建构主义的而非本质主义的理解对象。值得注意的是，“建构主义”方法通常会承诺某种“应然性”（ought-to-be）的目标模式，体现着人们对新文明建构的道义诉求。

我们正在经历的“城乡融合”进程具有明显的目标引导特征。在崇尚自然演进方式的社会中，社会发展的引导目标通常是自在呈现的，是由社会的自然进程本身所决定的。但在我国的压缩性现代化进程中，“政策引导”是一大特色，它体现着明确的目标模式选择意识以及作为选择理由的道义立场。

其一，我国的“城乡融合”理念虽然有百年来西方社会学研究的资源，但其理论逻辑可以溯源到马克思恩格斯关于“消除城乡对立”“消灭城乡差别”的思想。马克思恩格斯早在《德意志意识形态》中就指出：“物质劳动和精神劳动的最大的一次分工，就是城市和乡村的分离。城乡之间的对立是随着野蛮向文明的过渡、部落制度向国家的过渡、地方局限性向民族的过渡而开始的，它贯穿着全部文明的历史并一直延续到现在。……城市本身表明了人口、生产工具、资本、享受和需求的集中；而在乡村里所看到的却是完全相反的情况：孤立和分散。城乡之间的对立只有在私有制的范围内才能存在。这种对立鲜明地反映出个人屈从于分工、屈从于他被迫从事的某种活动，这种屈从现象把一部分人变为受局限的城市动物，把另一部分人变为受局限的乡村动物，并且每天都不断地产生他们利益之间的对立。……它使商业城市最终战胜了乡村。”[①] 恩格斯更是在早于《共产党宣言》一个月发表的《共产主义原理》一文中提出“城乡融合”的理想：“由此可见，城市和乡村之间的对立也将消失。……通过消除旧的分工，进行生产教育、变换工种、共同享受大家创造出来的福利，以及城乡的融合，使社会全体成员的才能能得到全面的发展”。[②] 简言之，在马克思恩格斯看来，城乡对立是私有制和分工的产物，是阶级对立的伴生物，而“彻底消灭阶级和阶级对立”，必然意味着消灭城乡差别，实现城乡融合。

综上可见，我国当下力推的“城乡融合”目标与马克思主义经典作家的理想是一致的。鉴于我国目前的发展水平，相关政策在表述上大多以“**缩小**城乡发展差距”来代替“**消灭**城乡差别”，体现了一定

① 马克思、恩格斯：《费尔巴哈（《德意志意识形态》第一卷第一章）》，载《马克思恩格斯选集》（第一卷），人民出版社 1972 年版，第 56 页、67 页。

② 恩格斯：《共产主义原理》，载《马克思恩格斯选集》（第一卷），第 223—224 页。

的现实感和分寸感。

其二，从近两个世纪的近现代史来看，在广大乡村实现“城乡融合”应该是我国城乡关系演变的必然逻辑要求。如果说自1840年代起，以“乡土中国”为代表的传统乡村文明范式屡遭陵替，陷入系统性解构，那么今天所期许的“城乡融合中国”在理想上就应当成为中国贡献给世界的全新文明典范或典范文明。

其三，从道义立场来看，在我国过去一百余年的各个历史阶段中，农村与农民付出的代价与牺牲最大，获得的回报与反哺往往与之极不相称，孙中山近百年前的说法依然适用于今天的农民群体：“最辛苦的是农民，享利益最少的是农民，担负国家义务最重的也是农民。”①由此可以说，国家对广袤乡村和数亿农民存在着“道义亏欠”。就此而言，“城乡融合”应当代表着国家和社会对乡村、对农民的道义回报：它要求缩小城乡居民的物质生活差距，以实现乡村民众在物质生活方面的共同富裕；更要求缩小乃至消除城乡居民在身份上的不平等制度和意识，为乡村民众的精神脱贫、实现“精神富裕”提供坚实的道义和制度基础。

其四，从治疗观点来看，作为新文明范式的“城乡融合”在设计构想中应当具有明确的治疗性质。它当然承续着新文化运动以来“作新民”的主张，承续着晏阳初的“以知识去愚，以生产去贫，以卫生去弱，以组织去私”的理想，承续着梁漱溟“重建中国社会新构造”的夙愿，同时也要诊断治疗过去数十年我国革命建设进程中相伴而生的种种不足，还要回应世界先发国家城乡发展过程中提出的种种疑难问题。

① 《孙中山先生对农民运动讲习所学生训词》，载《广州农民运动讲习所资料选编》，第123页。

以上几点目标陈述，显然是那个以农耕经济为基础、血缘地缘联系为纽带的“乡土中国”文明范式所不具备的。从根本上说，“城乡融合中国”作为新的文明范式，其根本宗旨就是要“以乡村民众为中心”。“乡村振兴”和“共同富裕”等政策主张体现着这样的目标模式。

五、从“乡土中国”到“城乡融合中国”之二：文明范式关系的反思

“从‘乡土中国’到‘城乡融合中国’”的陈述涉及的更深层问题是：两者之间究竟是怎样的关系？它们是同一文明的两个阶段，还是代表着两个不同的文明？“城乡融合”文明范式是从“乡土中国”中内生成长出来，还是说它与“乡土中国”在基本构成规则上存在着重大区别？不弄清楚这些问题，人们在谈论两种文明范式关系时无论使用“转换变迁”，还是使用“恢复重建”的提法，意义都会模糊不清。

（一）谈论“文明变迁”的两种历史哲学思路

谈到文明范式的“变迁”，一般存在两种论证思路。

一个是地域本位的“文明有机论”，相信任何文明都是特定地域、特定人群中世代积淀传承下来的物质和精神成果的总和。这个世界可以划分太多的“地方”，太多的“人群”，因而从理论上说，“文明”不仅是汤因比、雅斯贝尔斯、亨廷顿所说的那种跨国的文化单位，也可以指一个族群、一处山坳乃至一座孤岛的独特文化有机整体。从这个意义来说，“文明有机体”内在地蕴含着文明多元存在的承诺，而

“多元文明有机体”理论自古希腊自然决定论萌芽，近世经过地理环境决定论的解释模型，终于在赫尔德之后形成了“多元文明有机论”的思辨历史哲学传统。

“多元文明有机论”必然内在地建构起“我/他”区别。亨廷顿就此指出，“文明是最大的‘我们’，在其中我们在文化上感到安适，因为它使我们区别于所有在它之外的‘各种他们’。”① “我/他”关系是一个相对中性的描述，一旦文明之间形成交流沟通和宽容性理解，“我/他”关系就演变为“我/你”关系，这是面对面的平等对话关系；反过来，一旦两个文明中有一个秉持“排他性—独占性”的文化价值，从而拒绝平等的交流对话，“我/他”关系就会转变为卡尔·施米特政治学所说的“敌/友”关系。②

一种普遍流行的非反思性观念倾向于认为，某一地域、某一人群中形成的“文明”既然是一个有机整体，那么它的从古至今发展就多具有“向来我属性”，即它在整体上都是“我的”，而其他地域、人群的文明则在整体上天然是“他的”。

然而，与地域本位的“多元文明有机论”不同，历史哲学中长久以来还有另外一个派别，那就是“现代性本位观”，这种观点相信所谓“前现代”的各个文明是彼此异质的，但它们进入现代社会后要服从于新的文明机制。这种机制强调作为主体的个人依据理性的原则形成由法律规制的契约关系，这一基本规则在各个社会都应该是一样的。

根据上述理解，“现代性本位观”在处理文明的“我/他”关系时会采取另外一个判准，即将某一文明的“古今差别”视为“我/他”

---

① 塞缪尔·亨廷顿：《文明的冲突与世界秩序的重建》，第26—27页。

② 卡尔·施米特：《政治的概念》，刘宗坤、朱雁冰等译，上海人民出版社2018年版。

差别。所谓“明天近，昨天远”，一个社会的旧文明、旧传统虽然在历时性意义上与“我们”存在一定的“地域归属”或“记忆归属”关系，但在经济社会的基本构成规则方面则明显地属于“他者”。

谈论乡村文明范式的变迁竟然扯出了两种历史哲学的思路，但它们切切实实存在于当前学界对乡村文明变迁的探讨。《中国社会科学》2021 年第 12 期推出的渠敬东、王露璐两篇关于乡村文明的文章，恰好分别代表了上述两种历史哲学的思路。

（二）从“文明有机论”视角解读我国乡村文明

不少学者因循着上面所说的“文明有机体”的观念图式来想象未来乡村的文明新范式或新形态，即假定新文明一定是从旧文明中有机内生成长出来的。这个图式在渠敬东的文章《作为文明研究的社会学》得到精确表述。他在界定“文明”概念时说：“‘文明’这一概念，可以说是以两种面目呈现在现代社会的实质领域。一是向着一个普遍的历史目的迈进的文明化进程中，一切都似乎循着进步的统一步伐，根除过去，通向未来，由此，是否就会为人类展开同样的命运，或是共同形成一种全新的未来社会？二是那些曾经创造过自身传统，并在特定区域将其普遍化的文明及社会形态，如何遭遇这种所谓‘世界历史’的挑战，如何激发和重塑自身应对共存世界的方式：冲突还是适应？转化还是兼容？”①

显然，渠敬东文章中所说的文明的“两种面孔”，在世界范围内体现为“单线进步论与多元有机论”“全球化与地方性”的对立，而相对于一个“地域本位”的文明有机体来说，则体现为“古与今”

① 渠敬东：《作为文明研究的社会学》，《中国社会科学》，2021 年第 12 期。

"传统与现代"的对立。值得注意的是，这些对立往往不是"均衡对称"的，而是"偏心侧重"的。这种偏心侧重在渠敬东文章的语境中被表达为"自我与他者"的对立。[①] **"自我"是主体**，它在人类学意义上通常由某个"地方性文明有机体"来代表，"他者"是**"异己的"或"敌主体的"**，它可以代表一切外来的东西，对地方文明来说，"全球化"或"世界历史"就是"他者"，对"古典传统"来说，那种与之不衔接的"现代性"就是"他者"。

值得关注的是，过去几十年，人们已普遍习惯于将科技发展、市场经济等具有强大全球化驱力的东西视为普遍的东西，认为它们对各种地方性的传统文明或文化构成了冲击。由此会有韦伯的那个著名提问：资本主义这个"仅只在西方出现的文化现象"何以具有普遍的意义？或者用沃勒斯坦的说法：16 世纪在西欧出现的市场，其本质是"世界性的"。

然而，渠敬东文章借人类学的视角抹平了过去人们习惯的"普遍主义的现代与地方性的传统"的差别，指出"带有浓厚资本主义色彩的现代文明"或者"现代意义的文明化"，只是"西方国家的自我意识"，"并未像人们想象的那样获得文明的高度，也不是人类发展的最终答案"。一言以蔽之，资本主义的现代化是西方这个地域文明的产物，它不具有普遍的、最终的意义。[②] 由此似乎可以得出结论："现代与传统"的差别是一种想象；真正的差别只存在于各个地方性的文明之间。

从这个立场出发，渠敬东认为，"作为文明研究的中国社会学"可以探讨两个中国文明特有的问题："中国长久形成的与外部世界互

① 渠敬东：《作为文明研究的社会学》，《中国社会科学》，2021 年第 12 期。

② 同上。文中指出："历史经验说明，现代化或现代意义上的文明化，并未像人们想象的那样获得文明的高度，也不是人类发展的最终方案。"

通与互构的方式，有其独特的文明基础及途径，中国文明对于普遍价值的追求，自有其独特的通路。”① 本着这个思路，渠敬东给中国社会学的文明研究提出了主次分明的两项任务：其一是探讨“中国文明的思想基质、制度形态、文化模式、民族属性和政治框架之总体结构”；其二是探讨“中国同整个世界交往、沟通甚至相互塑造的方式”。

渠敬东文章展示的“文明有机体论”观念图式蕴含着三个观念前提。

其一，地域本位的优先性。任何文明有机体都是特定地域、特定群体的创造物。每个地域文明都有一个作为主体的“我”，它与其他文明之间的关系是“我/他”关系。

其二，历时性时间结构的优先性。特定地域文明的“有机性”“向来我属性”是由其历时性的、连续性的时间结构决定的。这个时间结构的中断意味着该“文明”的死亡（如苏美尔文明），或者意味着替代（如“古埃及”与“现代埃及”）。

其三，外来影响的“敌主体性”。既然任何文明都是个有机体，它与外部影响就存在着两种关系：一种是在与外部世界的互动中“化他为我”，也就是所谓“消化吸收”，譬如中国传统文化对佛教文化的吸收；另有一种则是被外来影响覆盖，失去了“自我”，失去了“主体”身份。

基于这几个前提，渠敬东文章的最后一部分强调，今天的中国社会学要研究中国文明的五个面向，也要对“现代世界的本源、流变和趋势做系统的梳理”。而在探讨中国文明的面向时，文章首先提到要对“中国文明本原基础”，即“‘一本’或‘一体’结构”进行发掘，

① 渠敬东：《作为文明研究的社会学》，《中国社会科学》，2021 年第 12 期。

包括中国传统“天人关系、家国关系、人神关系”等；此外还要对“中国传统社会的制度构造和治理机制”进行研究，包括“封建与郡县、礼制与风俗、帝制与官制、城市与乡镇”等；还要研究传统社会分层结构；等等。然而，看了这些研究方向读者不免要问：中国传统的“天人关系”“帝制与官制”等话题与中国现代和未来的乡村文明存在什么关系呢？作为未来乡村文明新范式的“城乡融合中国”是从“乡土中国”这一传统文明中“历时性地、连续性地”生长出来的吗？

（三）从“现代性本位观”视角解读我国乡村文明

对于上文承诺的“文明有机论”观点，学界显然有不同的看法。与渠敬东文章同一栏目刊发的王露璐的《中国式现代化进程中的乡村振兴与伦理重建》一文代表着与上述“文明有机体”思想不同的观念图式，我们姑且称之为“现代性本位”的观念图式。该文指出，过去百年中国的城市和乡村分别出现了两个“转身”：一方面城市从过去的“寄生”地位转身为“中心”地位；乡村则从过去社会“主宰”地位转身为“依附”地位。这两大“转身”不仅塑造了“城市代表进步，乡村代表落后”的价值排序，也颠覆了传统乡村千百年来的伦理共同体样态，使数以亿计的农民生活在伦理秩序失范的环境中，“因而生成转型期中国乡村社会特有的道德图景”。对此，文章指出，必须推进“中国乡村伦理的现代重建，为乡村振兴战略的实施提供价值引领和精神动力”。

值得注意的是，作者明确指出“中国乡村伦理的现代转型”应该强调“四个不能”。①

① 参见王露璐：《中国式现代化进程中的乡村振兴与伦理重建》，《中国社会科学》，2021年第12期。需要说明的是，王露璐文章使用的四个否定句式分别是“不能……；不应……；无法……；不能……”，为简洁起见，本文将其概括为“四个不能”。

第一，不能简单延续中国传统的乡村伦理文化。因为“较之传统乡土社会，走向现代化的中国乡村已经发生质的变化，无论是主动融入还是被动卷入现代市场经济的新一代农民，日渐生成并认同新的价值理念和道德规范。……开放、契约、公平、创新……”。

第二，不能简单套用马克思主义经典作家关于城乡关系和农村发展道路的阐释。文章高度肯定了马克思主义经典作家“对城乡发展、城乡关系的检视所体现的唯物史观的基本立场”，但认为中国乡村的现代式道路，无论是农村包围城市的革命，还是家庭联产承包责任制改革，都具有自己的特色。因此要将马克思主义经典理论与中国乡村发展实际相结合，提供“中国方案”。

第三，不能照抄照搬苏联和东欧社会主义国家的乡村建设与实践。这里所指的苏东计划经济模式，主要体现为强制推行农村集体化、牺牲农村发展重工业的城乡分割“二元体制”。对此文章指出要“改变乡村服务和服从于城市的发展伦理逻辑”。

第四，不能模仿复制欧美乡村现代化道路及其内涵的现代性指向。文章认为，西方社会建构了“城市＝工业＝先进”“乡村＝故园＝落后”的二元对立立场，正是这种立场使百年前不少乡村建设派知识分子耽溺于“以传道者的身份救济乡村”的角色意识，透露着一种以西化方案来改造作为“中国文化和道德根基”的乡村的思路。

以上“四个不能”具有很强的针对性，它一方面刻画了“中国乡村伦理的现代转型”与多种外来伦理资源的差别，另一方面强调当代乡村伦理重建与“传统的乡村伦理文化”存在质的差异：“传统乡村对应的是农耕文明，显现为一种相对封闭固化的熟人社会特征，其伦理秩序更偏重带有情感色彩的礼仪、风俗的教化和传承；现代乡村更趋向于现代文明，其伦理秩序更偏重以鲜明理性规则为价值导向的法律制度。尽管二者都以一定形式的伦理规范维系社会秩序的稳定，但前者更偏重根植于血缘地缘的人伦关系，后者则更偏重建立在规则意识基础上的契约精神。”[①] 这段论述表明，**“现代乡村伦理”主要不是从农耕时代的“传统乡村伦理”有机地、历时性地、连续性地生长出来的**。如果传统乡村伦理是“我的”，那么现代乡村伦理就是“异己的”“敌主体的”，一言以蔽之，就是“他者”。

六、“丸之走盘”的隐喻：理解文明范式转换的方法论问题

上述两篇文章的论证思路有代表性，它们涉及的方法论问题尚有进一步辨析的必要。

渠敬东文章的立场符合人们的常识：人在传统中，传统虽历经变化，但再怎么变也是这个传统——也应当是这个传统。恰如杜牧之所说：“丸之走盘，横斜圆直，计于临时，不可尽知。其必可知者，知是丸不能出于盘也。”此外，这个传统的历时性整体，即从古远到未来的整体，都应该具有“向来我属性”，也就是说它的“远古”和“未来”都应属于“我”。从这个角度来看，我国乡村文明虽然在过去百年经历数千年未有之巨变，但新的乡村文明也必通过“回到源头本身”“兴灭继绝”等方式从旧的文明中生长出来。

这样的观点可以验证本书第三章提到的那个“历史视域冲突”：

---

① 王露璐：《中国式现代化进程中的乡村振兴与伦理重建》，《中国社会科学》，2021 年第 12 期。

百年前的主流声音是对传统乡村文明的批判，现代的主流声音则是“对批判的批判”。造成这个冲突的重要原因不仅在于，从事“对批判的批判”的现代学者大多是传统乡村文明的“局外人”，更在于他们没有意识到“百年巨变”内涵的深刻意蕴，对此余英时概括说：“我们不妨把‘盘’看作是传统的外在间架，‘丸’则象征着传统内部的种种发展动力。大体上看，十八世纪以前，中国传统内部虽经历了大大小小各种变动，有时甚至是很激烈的，但始终没有突破传统的基本格局，正像‘丸之不能出于盘’一样。但十九世纪晚期以后，中国传统在内外力量交攻之下，很快进入了一个解体的过程。**这次是‘丸已出盘’**。”①

需要强调，“丸已出盘”不是一个立场、一种观念，而是过去百余年乡村发生的坚硬现实。本书前面多章描述传统乡村文明意义世界的崩解，其从显性形态转变为隐性形态，其外部物理空间全然改变，所有这些都是在描述这个“丸已出盘”的现实。当然，现实是可以改变的，但关键要分清楚指导相关改变的基本法则。这里有必要挪用现象学“游戏理论”的两个概念：任何游戏都是由两套规则构成的。一个是“使这一游戏区别于其他游戏”的所谓“构成性规则”（instituting rules），它们是使该游戏得以成立、使该游戏与其他游戏区别开来的充分必要条件，譬如说使中国象棋与国际象棋、与中国围棋区别开来的那些规则；还有一种则是所谓“内部性规则”（internal rules），它们是使游戏得以顺利进行的必要条件，但却不必是充分条件，譬如说两人虽然按照同一的构成性规则下中国象棋，但各自都有独特的下法，个人性的棋路风格，留下极为不同

---

① 余英时：《治史自反录》，《读书》，2004 年第 4 期。

的经典案例等。[1] 明白了这样两个规则，我们就可以问：对于呼唤中的乡村文明新形态来说，它的构成性原则究竟奠基于何处？是奠基于传承数千年以降的农耕文明，即以血缘地缘、天人关系为本的家国一体文明，还是奠基于现代社会的那些基本构成性规则，如作为契约主体的个体以及依法治国？对于这样的根本问题，王露璐文章所持的“现代性本位观”显然给出了另外一种答案。

不过，当王露璐文章强调“中国乡村伦理的现代转型”应重视（按本书的表述）现代“构成性规则”时，它对于数千年来的我国传统乡村文明以及百余年来我国乡村出现的各种变化因素又采取了过于简单的否定和拒斥态度。在上述“四个不能”中，“第一个不能”否定的是中国农耕社会数千年沿袭下来的“根系式生存的传统”，即所谓“传统意义的传统” （the tradition in traditional sense）；[2] 而其他“三个不能”否定的则是霍布斯鲍姆所说的“被发明的传统”（invented tradition）。进而言之，王露璐文章没有充分意识到，传统也是在不断发明和建构中的。在社会的自在发展中，无论后人对“传统意义的传统”或“被发明的传统”持何种态度，它们都会以某种方式渗透到社会实体的多个方面。

---

① 泰奥多·德·布尔：《从现象学到解释学》，李河、赵汀阳译，中国社会科学出版社1995年版，第83—84页。该文指出：“我们在这里区别了构成性规则（当时译为设定性规则）和内部性规则。所谓构成性规则是指那些引起某一视域或促成某项活动的规则。而内部性规则则决定着以何种方式去观看或去把握这些活动。后者在那个由构成性规则所敞开的领域中担负着调节作用。构成性规则不仅包括某些游戏（如对弈、足球赛等），也包括算数以及各类经验中的基本规则，它们成为对基础进行研究的讨论对象。属于这一范围的还有那些决定着某种东西是不是艺术品的重要原则和公理。这里还存在着一些谈话之为谈话并可以根据谈话的多种形式而加以进一步区分的规则。后者是一些特殊的规则，例如那些使人们进入特定心理分析谈话的规则。内部性规则是这样一些规则，它使人们知道下棋时如何开局，某种演算具有哪些不同形式，科学中的可能方法步骤以及各种问题内部的具体规范。”

② 参见本书外一篇：《从“根系式生存”到“漂泊式生存”》。

需要强调的是，在一个社会的自觉建构中，无论是延续数千年之久的“传统意义的传统”还是近现代以来的“被发明的传统”，都可以成为人们筹划未来文明的重要资源。在此，“传统”尤其是延续数千年的“传统意义的传统”与我们的时间关系发生了“异位”，它再不仅是“我们过去的东西”，而且成为“我们未来的一个部分”，即作为可选择、可移植的筹划资源出现在我们面前。在这里，我们需要摒弃那种简单的本质主义姿态，在对奠基于现代性构成规则的未来文明的建构中尽力使在过去百年中已经严重“他者化”的文明因素在我们的语言（方言）、习俗、建筑、服饰、饮食等多方面复活起来，完成它向“我属性”的回归。

正是在这样的背景下，近年来我们看到，在对乡村文明新形态的想象中出现了诸如“新乡土中国”“离土不离乡”“家哲学复兴”“营构半熟人社会”等一系列话题。简单地说，未来乡村文明新形态的建构，一方面要明确其现代性的“构成性法则”的首要地位，另一方面也要将一切与我们的历史记忆和积习有关的旧文明因素当作优先考虑的文化资源，这样才会让我们的乡村文明不仅是现代性的，而且显示出其特有的“地方性”。而“地方性”原本就是人类学意义“文明”的本质要素。

第七章

C H A P T E R 7

乡村文明新形态展望：“家园”含义的重新诠释

“从‘乡土中国’到‘城乡融合中国’”的陈述涉及的最深层问题是：在“城乡融合”的历史阶段还存在乡村吗？如果说还存在着物理空间意义的乡村，那么在“城乡一体化”乃至“城乡一样化”的前景下，什么才是那个乡村的“乡村性”呢？这个追问要探究的是“使乡村成为乡村”的根本条件，也就是说，究竟有哪些因素使“乡村”的存在成为必要，而不致使它沦为城市的“异域同构空间”？最后，这种“乡村性”与未来乡村文明构建是什么关系？它能够在哪些方面为未来乡村的道德生活和精神生活提供基础？

一、“城乡融合”≠“消除一切城乡差异”：什么是未来乡村的“乡村性”？

初看起来，在“城乡融合”、“城乡一体化”或“城乡一样化”

等表述里，“城市”与“乡村”是两个对等的二元事项，实际上二者的地位是不对称的。至少在目前阶段，我国“城乡融合”的政策重点依然是以“城市化”或“城镇化”来融合乡村、消解“乡村”。“以工促农，以城带乡”，让乡村民众享受到同城市一样的基础设施建设水平或公共服务水平，所有这些提法都是这个意思。在这些表述里，“城”是主动方，是施展影响的主体；“乡”是被动方，是接受改造的客体。它印证了本书第一章的判断，“城镇化率”提升意味着“乡村化率”下降，两者构成了“**因果性的消长模式**”。这个看法在乡村的局部领域必然引发“村落终结论”“家乡的异乡化”等讨论，而在其整体领域则会提出“未来还有乡村吗”这类话题，它们是涉及“乡村”的“to be or not to be”（生存还是毁灭）的根本性问题。

（一）孟德拉斯的论断：半世纪前的“海外奇谈”变为当下现实

1967 年，法国社会学家孟德拉斯出版了一部乡村社会学的经典著作，书名是《农民的终结》。该书开篇提到：“（全球）20 亿农民站在工业文明的入口处：这就是 20 世纪下半叶，当今世界向社会科学提出的主要问题。”17 年后，他旧话重提再次评论说，《农民的终结》“这本书是一个文明的死亡证明书，这个文明（在法国）生存了 10 个世纪之后死去了。它是科学的诊断，而不是思辨的发问。20 年之后，结局证明我是有道理的：在一代人的时间里，法国目睹了一个千年文明的消失，这文明是它自身的组成部分”①。

在一代人的时间里目睹一个千年文明的消失，这是在说当时的法国，换到今日的中国，人们正在“目睹一个数千年文明的消失”，这

① 孟德拉斯：《农民的终结》，李培林译，社会科学文献出版社 2010 年版，第 3 页、212 页。

就是本书第一章提到的“数千年未有的百年巨变”。对于“农民的终结”，孟德拉斯从农业生产方式变迁、人口流动、农民对土地情感的变化、农民逐渐接受城市化、工业化的时间观念、父权主义传统的式微和农村家庭功能的变化等多个层面进行了立体描述。从其描述不难看到，法国传统农民在许多方面与乡土中国社会的农民极为相似，如“赋予土地的一种情感的和神秘的价值”，强调耕作（包括农作物和生产技能）是一种“地方性技艺”，注重家庭的价值，“从不怀疑传统”和难于接受“创新”，等等。书中一些论述令人印象深刻：“农民在内心深处坚信，他的土地是独特的，因为他是唯一了解、爱恋和拥有它的人。认识、爱恋和拥有三者是不可分离的。……这种情感在很大程度上是正在消失的历史境况的产物。在这种境况消失后，这种情感还会继续存在一段时间。另外，这种情感已经被新一代的农业劳动者正在建立的思想观念打开缺口。”①

在《农民的终结》问世的1967年，中国的城镇化率仅为17.74%。对那时的中国人和中国学界来说，“农民的终结”或“农村的消失”无疑是难以想象的海外奇谈。但仅仅半个世纪后，“农民的终结”对我们来说已经是个极为现实的、需要认真应对的问题。

（二）乡村地位的改变：“农村的××”正转变为“在农村的××”

从经验层面来看，今天我国确实到了讨论“农民的终结”或“乡村的终结”等问题的时候：经过40多年高速城镇化，我国城镇化率已

① 书中的有些论述相当精彩。孟德拉斯随后补充说：“父子相继不懈劳动，会进一步增加这种对土地的看重，并会使土地染上个人的和情感的色彩，这是确定无疑的。不过，这种‘情感’特征大概是次要的，而它的社会基础则是主要的：后者的消失会带来前者的消失。”参见《农民的终结》第44—45页。

接近67%，在未来一代人以内有可能提升到80%。“我国有80%的农民”的说法言犹在耳，如今却倒换为“我国有80%的城镇人口”。当然，比较严谨的学者会批评说，这里的“城镇化率”统计口径过宽，标准也不够准确。况且，即使我国城镇化率接近八成，也还有近一个美国那么多的人口是农民。但所有这些细节质疑都无法改变一个态势判断，即我国乡村不是正在“被城镇化”，就是正走向“被城镇化”的道路上。

不过，这种“城镇化”绝不仅仅表现在有多少乡村人口获得了城镇户籍这一点上，更重要地体现于**乡村地位的改变**——过去使“乡村”区别于“城市（镇）”的那种主体地位正易位为客体地位，主动方地位易位为被动方地位，更准确地说，乡村正变成一个无主体性的“空间”单位，过去一切关于“**农村的××**”的陈述都在变为“**在农村的××**”的陈述。举例来说：

“农村生产”（即农业）正转变为“在农村的生产”：前者意味着传统农民千百年来对土地的单一利用方式和耕作方式，后者则是指，在国家“城乡融合”政策大力推动工农联动、城乡联动的背景下，外来资本、新产业、人才要素等进入乡村，促进乡村一二三产业融合和贸工农一体化经营。凡此种种，都使传统的“农村的、农民的生产”改变为“在农村的生产”。

同理，根据“城乡一体化”乃至“城乡一样化”的原则，原来的“农村公共服务”正转变为“在农村的公共服务”；“农村基层社区”正转变为“在农村的基层社区”；而最终的，“农村（世居）人口”也正转变为“在农村的人口”。

不仅如此，在“**农村的××**”这一陈述中，主词是“农村”，它给传统农耕社会的生产生活形式、习俗文化观念等都打上独特的

“地方性”或“地点性”（place）烙印。而在“**在农村的××**”这一陈述中，农村或乡村变成了一个**失去其特殊“地点性”的“空间”**（space without places）——这样的空间不是由其地方特殊性、差异性来界定的，而是由一个更大的非乡村性的、功能主义的空间来界定的。在这个空间中，无论是外部人员还是外部资本都可以到达和聚集。

近年来，一些学者出于善良意志提出，要让乡村民众通过“离土不离乡”的就业方式保持其“扎根”状态。他们似乎还没意识到，“乡”自身的主动方地位已经消解，它的独特“地方性”含义正在丧失，广大农民工即使结束了“家在异乡”的漂泊打工生活回到家乡，也会难以避免地面对“家乡的异乡化”的命运。[①]“乡下的家”从来就是同独特的“地方性”或“地点性”相关的特殊空间。

（三）“消灭城乡差别”≠“消灭城乡一切差异”

“农村的××”变成“在农村的××”，这个观察提示我们，现在大力推进的“城乡融合”绝不仅仅是“某个乡村空间被并入城市空间”，还包括尚未并入城市空间的乡村在地位、功能上的高度城镇化。正是在这个层面上，我们需要反思，“城乡融合”是否是城乡关系的最终阶段？“城乡融合”的实现是否意味着以后“只有城市，再无乡村”？这个情况与孟德拉斯描述的欧洲中世纪情况截然相反：“在加洛林王朝时期，欧洲完全是乡村化的。没有任何城市，只有住满农民的乡村。”[②]

---

① 参见本书外一篇：《从“根系式生存”到“漂泊式生存”》。

② 孟德拉斯：《农民的终结》，第 21 页。

问题显然不这么简单。孟德拉斯在推出上部著作近20年后的1984年提到了“法国乡村社会的惊人复兴”，这种复兴直接表现为乡村人口终止了下降趋势，一部分城里人，尤其是退休老人还有不少年轻人重新回到乡村。造成这种状况的根本原因在于：“乡村人享受城市的一切物质条件和舒适，从这种意义上说，他们的生活方式都市化了。……在巴黎人、城市人、郊区人、小城镇居民和乡下人之间，已经不像20年前那样，具有系统的差别。在所有方面，农村劳动者和乡村居民都赶上了城市人，在其他方面，他们甚至保留着优势（住宅面积）或获得了优势（冰柜）。……在乡村和小城市比在大城市和郊区玩儿得更好。”①

对于这种“乡村社会复兴”，孟德拉斯时而称之为“既非城市又非乡村，而是二者兼而有之的社会”，时而称之为“整个社会结构的再次地方化”，时而称之为“一种新出现的异形生活方式”。最后他不无遗憾地指出，“社会学家还未能给出这种乡村化一种新的定义”。②

无论是什么定义，有一点是明确的：我们所说的“城乡融合”，以及马克思恩格斯早期断言的“消灭城乡差别”，在逻辑上不应得出“只有城市，没有乡村”以及“消灭城乡一切差异”的结论。孟德拉斯指出：“乡村在生活方式上虽然完全城市化了，但乡村和城市之间的差别仍然如此之大，以至于城市人一有可能就从城市溜走，回到乡村和小城市去重新找回乐趣。”③

事实上，孟德拉斯提到的这种尚未定义的“异形生活方式”在其著作问世时已经在发达国家普遍出现。美国学者布莱恩·贝里1976年

---

① 孟德拉斯：《农民的终结》，第217页、219页。
② 同上书，第220页。
③ 同上书，第220页。

主编了文集《城市化与逆城市化》（*Urbanization and Counter-Urbanization*），[①]“逆城市化”“郊区化”等遂成为人们广泛接受的、与“城市（镇）化”相反的命名。美国和欧洲主要发达国家在上世纪70年代后“逆城市化”成为一时时尚，不少学者相信，这是“城市化”进程的终结。

值得一提的是，我国城镇化进程虽然刚刚过半，但某种形式的“逆城市化”现象也已出现。不少市民产生了到城郊乡村买房生活的动机，更多退休人群到南方山明水秀之地购买养老住宅，这些无疑都是“逆城市化”的选择。更值得注意的是，一些“农二代”日益看重家乡的宅基地和承包田，不愿获得附近小城镇的户籍。前文已提到，有学者将这称为“非城非乡、亦城亦乡”，我们更愿意称其为**“新城乡两栖”**或**“主动态的城乡两栖”**。[②]不仅如此，在这里我们还会看到，一向颇受诟病的“城乡二元”体制也具有一种相对积极的“逆效应”：以前这个体制的目的是限制乡村富余人口涌入城市尤其是大都市，今天它却被用来限制城市都市人口涌入乡村扰乱当地的土地市场。“城乡二元”体制似乎正变成一种维持城乡平衡发展的调节器。

当然，“逆城市化”也不是一个没有止境的单向过程。近来读到，日本一些从城市流向乡村的人群又开始倒流回城市。由此，我们不难发现，“城乡融合”的最终境界不是让乡村变得和城市毫无差异，不是单向地取消乡村，而是可以让人们根据自己的意愿在乡村和城市作

---

① 参见孙群郎：《20世纪70年代美国的“逆城市化”现象及其实质》，《世界历史》，2005年第1期。

② 王春光在《第三条城镇化之路：“城乡两栖”》（《四川大学学报》［哲学社会科学版］，2019年第6期）一文中指出：“从过去的城乡二元分割到乡城单向流动，又从乡城单向流动到回乡，目前则出现一种新的城乡关系即‘非城非乡’或者说‘又城又乡’。这里将这种新关系概括为‘城乡两栖’，它具体表现在城乡两栖者的生活、就业、交往和文化观念上，亦正契合国家乡村振兴发展战略关于‘城乡融合’和‘产业融合’之理念。”

出自由的选择。

“城乡融合”不意味着彻底消灭乡村，但那个乡村不应该仅仅是一个“空洞容器一样的空间”。以往人们习惯于谈论“城市/乡村”的基调是：城市与乡村互为“异度空间”，互为“异类生活模式”。城市是现代的，乡村是传统的；城市是时间的，乡村是空间的；城市是进步的，乡村是落后的；城市是公共的，乡村是缺少公共的。囿于这种意识，人们无法想象乡村究竟如何可能具有吸引力。

然而，越来越多的调查表明，乡村正在对城市人群产生越来越大的吸引力，这种吸引力当然是乡村异于城市的差异性因素，为此我们要问：这种具有吸引力的差异性因素究竟是什么呢？这正是本书要探寻的“乡村性”。它之所以被称为“乡村性”，完全是因为它是乡村独有的能够满足人们（至少是部分人群）幸福感的特性，而这种特性对于大都市的生活具有明显的治疗意义。唯有这种“乡村性”才是未来乡村文明新范式所承诺的东西，是未来乡村文明新形态应当建构的目标。

二、“滕尼斯问题”：“乡土共同体”承载着怎样的群体心理需求？

城市乃至都市的部分人群①为什么会被乡村生活吸引？这正是“乡村性”需要解答的根本问题。

---

① 本文假定被乡村生活吸引的是部分人，而非所有人。笔者曾看到一份美国宗教心理学方面的调查统计，称有1/3左右的人或多或少的属于依赖型人格，这是宗教存在的一个重要心理条件。至于容易被乡村生活吸引的人格类型及其统计数据目前尚未见到。

（一）贴近“外部自然”和“内在自然”的乡村性：“城乡两栖”的2.0版

毫无疑问，乡村异于城市的首要吸引要素是它的“**外部自然**”（external nature）。这个自然与城市，尤其是与我国目前的东部城市形成了鲜明反差：大都市通常是高楼林立、街道车水马龙。从幼童、中小学生到企业员工，所有人都按照工业化的精确计时系统日复一日地从家到目的地往返流动着，这是一种高度机器化的生存。反之，乡村则一向有平旷的原野、茂密的丛林、舒缓流淌的河流，以及鸣声上下的鸟音歌唱。那依然是200多年前给贝多芬带来《田园交响曲》创作灵感的空间。

这样的外部自然空间对于选择乡村生活的人来说不仅仅是外在的因素，它之所以富于吸引力，是因为最贴近人类或者说部分人群的“天性”，贴近他们的“**内在自然**”。英语nature一词准确地表达了“外部自然”与人的“内在自然/天性”之间的本质相关性。所谓“内在自然”或“天性”就是陶渊明所说的“少无适俗韵，性本爱丘山”，“久在樊笼里，复得返自然”。就此而言，物理意义的“空间之大”与人的自然心理感受是彼此契合的。

当然，今日社会的绝大多数人群肯定不会满足于“方宅十余亩，草屋八九间”的简朴甚至简陋的乡间生活状态。所以孟德拉斯说，当乡村的物质生活条件与城市接近时，它的乡野味道浓厚的居住环境、较小规模的熟人社区、不再作为单一经营单位的家庭、每临周末与家人或朋友周边野游或参加地区俱乐部活动表演、与亲属邻里聚在酒吧共同回忆村庄的往事等生活元素，便对城市里常年像钟表一样生活的人群产生了无穷的吸引力。正是这些元素，使都市以外的乡村从城里人的“度假目的地”转化为“栖居目的地”。

孟德拉斯描绘的生活状态正在我国越来越多的乡村成为现实。不仅如此，如今发达的民航高铁使人的交通半径大大扩展，而“一键在手，视通天下”的互联网更是彻底结束了以往乡村封闭的生活方式，这就更加提高了“乡间生活”对于城市人群吸引力的权重。

值得一提的是，本书第五章提到“城乡两栖中国”时多半是采取批判态度的，因为它刻画的是数以亿计农民工群体奔波于城市乡村之间的生活状态，那是一种“被动态的城乡两栖”。但上面谈到的“逆城市化”事例表明，如今越来越多的城市人自愿选择前往乡村生活。不仅如此，无论在城市还是乡村，越来越多的人日益向往着一种“主动态的城乡两栖”，即让“家”安在城市和乡村两地。从这个意义来看，“城乡融合中国”不仅是对“城乡两栖中国”阶段的简单否定，更是对它的扬弃性包容，**“城乡融合中国”应成为“城乡两栖中国”的2.0版**。

（二）“内在自然”探源：滕尼斯对“自然共同体”和“人为社会”的区别

无论是“外部自然”还是“内在自然”，它们所刻画的都是乡村异于城市的那种“乡村性”。关于“乡村性”与人的“内在自然”的关系，是一个复杂的课题。对该课题的理论追溯让我们关注一个半世纪以前德国现代社会学奠基人费迪南·滕尼斯的工作。

1887年，滕尼斯出版《共同体与社会》一书。在这本书里，空间意义的“乡村”和“城市”被替换成在德语中词形相近的两个词，即“共同体”（gemeinschaft）与“社会”（gesellschaft）。而在时间的意义上，滕尼斯赋予“共同体”与“社会”以截然不同的时代含义：“共同体”是前现代的，“社会”是现代的。他以德国观念论传统特有的概念建构方式揭示这两种人类组织形式的不同。[①]

所谓“**共同体**”在滕尼斯那里可以表达为一个建立在“自然”基础上的群体同心圆系统。该同心圆的核心是“家庭”，家庭中的母子关系、夫妻（性）关系和兄弟姐妹及其后代的关系，都奠基于“血缘”这一自然的、本能的因素之上。其亲情是内生的和天然的，具有由衷性和自发性。家庭的自然扩展是“亲族”或“宗族”，也就是费孝通在《江村经济》一书中所说的“大家庭”。再外一环则是“村庄”，无论大家族成员还是外家族成员在这里构成“邻里”。由村庄而上还有“城镇”“地区”等。这些宗族、邻里、小城镇形成了另一种自然的“地缘共同体”。同一个家族成员或同一个地方的邻里熟人之间形成了诸如“亲情”、“友谊”、“和谐团结”和“默认一致”等伦理，这些伦理是基于自然情感的。[②] 而这种自然伦理在地方性的行会中可以扩展为“师徒父子”关系的规范。[③] 再进一步，一定血缘、一定地域中具有共同记忆和信仰的人群还会自然形成所谓“精神共同体”。[④] 据此，滕尼斯断言说，“血缘共同体”、“地缘共同体”和“宗教（精神）共同体”构成了“**自然共同体**”的几大基本要素。他说：“（血缘共同体—地缘共同体—精神共同体，亲属关系—邻里关系—友谊）作为本质的统一体，血缘共同体发展着，并逐渐地分化为地缘共同体；地缘共同体直接地体现为人们共同居住在一起，它又进一步地发展并分化为精神共同体，精神共同体意味着人们朝着一致的方向、在相同的意义上纯粹地相互影响、彼此协调。我们可以将地缘共同体

① 费迪南·滕尼斯：《共同体与社会》，张巍卓译，商务印书馆 2019 年版，第 68 页、70 页。

② 参见费迪南·滕尼斯：《共同体与社会》，第一篇第一章“共同体的理论”。

③ 梁漱溟也在这个意义上谈到中国传统社会的师徒关系，并引出“举国家政治”的结论。参见本书第二章。

④ 在费孝通、许烺光的著作中，可明显看到滕尼斯思想的影响。

理解成动物性生命之间的关联，就像我们将精神共同体理解为心灵性生命之间的关联。”[①] 而在谈论基于自然关系的精神联系的时候，滕尼斯又提到：“（作为共同体意志的共同领会—自然法—语言—母语—默认一致或家庭精神）相互一致的、结合到一起的信念是一个共同体特有的意志，在这里，我们应当将它们理解成‘共同领会’（consensus）。它是一种特殊的社群力量，也是一种相通的感受。”[②]

总体看来，在“血缘共同体—地缘共同体—精神共同体”同心圆中，家庭是共同体现实的最普遍的表现。

与此相对应，滕尼斯又描述了另外一种类型的社会群体，那就是“**社会**”。这个社会不像前面的“共同体”那样是基于自然纽带而形成的。它是由置身于资本主义生产和交易活动中的人构成的，即由那些有着明确利己动机和理性计算能力的个体组成的，[③] 我们今天多称之为“理性经济人”。这些人群之所以能够共处合作是依靠了契约，而其契约的公平和持续则是依靠了一整套法律系统。显然，具有理性能力的自主性个体、契约、法治成为“社会”的基本构成要素。社会中的人虽然可以和平共处，但彼此之间却是分离的。“社会应该被理解为一种机械的组合和人工制品。社会的基础是个人，个人的思想和意志。在人类的发展史上，社会的类型晚于共同体的类型。”显然，滕尼斯所说的这个社会就是1500年代后出现的资本主义社会。[④]

相对于这两种人类组织形式，滕尼斯还揭示了人们的两种“意志”，一种是对“自然共同体”人群对应的“本质意志”形式，它包

① 费迪南·滕尼斯：《共同体与社会》，第87页。
② 同上书，第95页。
③ 同上书，第151页。
④ 同上书，第336—337页。

含为了满足身体自然需求的本能欲望（如性与繁殖）、在传统中经过不断重复而习得的各种经验以及相关的记忆。另一种则是与“人工的社会”相对应的“选择的意志”，这种意志在很大程度上摆脱了身体或心理的本能的或情感的影响，摆脱了从祖先们继承下来的经历、思维方式和行为方式。这种意志是理性思维和计较的产物。①

滕尼斯为什么要不厌其烦地刻画这两种对立的组织形式呢？他的意图是说，“共同体是老的，社会是新的”②，老的共同体虽然包含许多令人怀念的东西，但它和现代社会的构成规则是相互对立的。③ 问题在于，这个新的“社会”把人变成了孤立的个体，它远不是滕尼斯所嘉许的社会，而恰恰是他批评的社会。

在探讨人的“内在自然”即“天性”时为什么要提到滕尼斯对“共同体”概念的探讨呢？这是因为在他设定的理论系统中，以家庭为同心圆核心的“共同体”是孕育人的自然情感、自然关系、自然伦理和信念的温床。与此对立，现代性的城市文明在他心目中代表着某种“反自然”的情感、关系和伦理。

（三）“滕尼斯问题”：能否在社会中续入“类家庭因素”？

滕尼斯在《共同体与社会》后面章节关注的问题是，虽然“自然共同体”与“人为社会”在多个方面是彼此对立的，但能否找到一种

① 滕尼斯说，动物和自然的人都是跟着本能、“感觉”和“心”走的。但“思维完全是受事业制约的，并且为事业的理念所支撑。现在它脱颖而出，凌驾于事业之上，并把结局和成果确定为目的”。参见滕尼斯《共同体与社会》第二篇“本质意志和抉择意志”。

② 费迪南·滕尼斯：《共同体与社会》，第 70 页。

③ 在《共同体与社会》第三篇中，滕尼斯详细描述了两种社会组织的对立。该书第 354 页的表格列出的对立事项包括“共同体/社会、本质意志/选择意志、自我/个人、占有/财富、土地/货币、家庭法/债务法”。在第 434 页他还写道：“共同体的意志形式具体表现为信仰，整体表现为宗教；社会的意志形式具体表现为学说，整体表现为公众舆论。”

途径使本质意志与选择意志、自然法与普通法，一句话，使传统的共同体与现代社会的积极因素较好地结合起来？本书将它称为“滕尼斯问题”。对此，滕尼斯给出了他自己的答案，他希望通过对社会精神共同体的改造，使传统家庭中那些符合人的自然情感、本质意志的因素上升为“社会的因素”。为此，他希望构造一种新的“精神共同体”，这个共同体的参加者是在“社会”中生活的“理性经济人”，但进入这个共同体后可以感受到一种“扩大的家庭生活”的氛围，他们在这里领受传统，“接受方言、特定的生活方式、服装样式、饮食方式，接受他的家乡习以为常的一切东西：父辈的信仰和风俗”；他们在这里“举办婚礼、庆贺生儿育女、尊敬老人长者，为仙逝者致哀”。“人民作为一个家庭，通过共同的崇拜保留着对其亲属的记忆。”①

我们可以将滕尼斯所期待的那种传统“共同体”传递给现代社会的要素称为“**类家庭因素**”，它包括“类家庭情感”“类家庭意识”“类家庭关系”“类家庭伦理”，等等。这些因素在许多传统型社会的观念中都有所表现，如中国儒家传统中的“君臣父子”“天地君亲师”“师徒如父子”“天下一家”“四海之内皆兄弟”观念；如基督教内称上帝为父，称信众为兄弟姐妹；再如我们今天许多公共设施都命名为“××之家”；等等。这些因素要求人们之间最大限度地保留那种自然的、由衷的情感，以及基于这种情感而形成的类自然的、内生的道德因素。这种“类家庭因素”就是本书所说的人的“内在自然”的重要内容。它们是传统社会，尤其是我国传统农耕文明保留下来原始群体心理的重要内容。接下来的问题是，这种贴近人的“内在自然”的“类家庭因素”能否续入我国未来的乡村文明建构呢？

---

① 费迪南·滕尼斯：《共同体与社会》，第435—436页。

三、传统社会与现代社会的“质”的区别：我国乡村文明转化的“间断”

什么是“我国乡村文明转化的‘间断’”？它的意思是说，以“乡土中国”范式为代表的我国传统乡村文明遭遇百余年的系统性崩解，而新的乡村文明在理论探讨和政策筹划方面正在努力寻找与传统乡村文明的“内在接榫点”。这个“内在接榫点”就是要使未来乡村文明建设尽量贴近人的“内在自然”，因为贴近这个自然才是“使乡村文明起来”的根本性条件。我们注意到，这正是我国目前大力实施的乡村振兴战略的核心议题。就其“五大振兴”方面而言，生态振兴毫无疑问会大大提升乡村“外部自然”的魅力；产业振兴、人才振兴必然会大大推进乡村的物质生产效率和民众生活水平；作为这些振兴的基本保障，组织振兴必将更加强化我国70余年来“政治本位、政策引导”的传统，解决目前乡村治理存在的多方面问题。本书特别注意到，文化振兴方面已经提到，要“以传承发展中华优秀传统文化为核心，以乡村公共文化服务体系建设为载体，培育文明乡风、良好家风、淳朴民风，推动乡村文化振兴，建设邻里守望、诚信重礼、勤俭节约的文明乡村”，高度强调要保护利用乡村传统文化，“使历史记忆、地域特色、民族特点融入乡村建设与维护”，“实施乡村经济社会物证征藏工程，鼓励乡村史志修编”；此外还提到要“引导企业家、文化工作者、退休人员、文化志愿者等投身乡村文化建设”。[①]

① 参见《乡村振兴战略规划（2018—2022年）》第七篇。

所有上述论述都从“应然性”角度肯定了我国当代乡村文明建构应当与传统乡村文明的积极因素相衔接，意味着我国已在政策层面深刻意识到需要克服两个文明形态之间的“间断”问题。

（一）我们尚未走出传统乡村文明向现代转化的“间断期”

前文已经提到，目前人们普遍相信，我国当代乡村文明建构很难成为也不应成为对以“乡土中国”范式为核心的传统乡村文明的简单复制。从游戏理论观点来看，当代“城乡融合中国”与农耕社会数千年里形成的“乡土中国”在“构成性规则”上是相当不同的。费孝通早在上世纪40年代末的《乡土重建》一书里讲道：“即使我承认传统社会曾经给予若干人生活的幸福或乐趣，我也决不愿意对这传统有丝毫的留恋。不论是好是坏，这传统的局面是已经走了，去了。最主要的理由是处境已变。在一个已经工业化了的西洋的旁边，决没有保持匮乏经济在东方的可能。适应于匮乏经济的一套生活方式，维持这套生活方式的价值体系是不能再帮助我们生存在这个新的处境里了。”他据此对当时已持续数十年的“体用之争”评论说：“即在东西接触之初，西学的使用是早经公认的了，我们可以很简单的说，直接使东方受到患难的是西方的武器和生产技术。这就是‘西学为用’的用的方面。在学习和接受西学之用的方面时，我们逐渐发现用和体是相关联的，是一套文化。技术是人利用自然的方法，重视技术，发展技术是一种人对自然的新关系。”[1] 这段论述使我们不由联想到梁漱溟先生的那个著名判断：“中国

---

① 费孝通：《乡土重建》，第8页。费孝通多次描述中国农耕社会与西方现代化社会的区别，他有时将两者分别称为“匮乏社会”和“丰裕社会”。匮乏社会的基本法则是：劳力越多，技术越不发达；技术越不发达，劳力越多。而丰裕社会的法则是：科学越发达，技术越进步；技术越进步，科技越发达。见该书第11页。

问题并不是什么旁的问题，而是文化失调——极严重的文化失调”。[①]

自梁漱溟、费孝通作出上述断言起，又有八九十年过去了。今日乡村已经与“乡土中国”迥然不同，但这种不同并非意味着乡村已经自动形成了“新的文明”，已经按照“文明”的题中应有之义“文明起来”了。前面关于“城乡二元”“城乡两栖”的探讨表明，我们似乎还处于从传统文明向新文明转化的“间断期”。

假定未来乡村文明的建构目标以城市化为蓝本，我们就不得不面对全球范围内城乡发展面对的那个普遍性问题，那正是滕尼斯在刻画“社会”特征时所批判的问题。现有城市或都市将人变成了高度组织化的生产要素，人们在生产性时间的规制下很大程度上远离了两种意义的自然。

一个是以自然环境为代表的“外部自然”，那不仅是宽阔的原野空间，优美的居住环境，而且是由方言、服饰、饮食、习俗等所代表的“空间意义的地方性”，以及由地方性记忆、地方性小传统和小叙事所代表的“时间意义的地方性”。正是在这个意义上，费孝通用较为诗意但却哀婉的口吻说道，“悠然见南山”虽然美，但已经找不到那个“东篱”了。[②]

另一个是天然具有“类家庭因素”倾向的人的“内在自然”。它在现代社会受到严重的扭曲压抑，这尤其表现为费孝通所说的“熟人社会”的消失，人们不得不生活在“陌生人社会”之中。所谓“陌生人社会”，不是指人们彼此“不认识”，而是指在充满各种利益计算、生存竞争的社会生产生活状态里，人们难以保有过去在“自然共同

① 梁漱溟：《乡村建设理论》，第22页。
② 费孝通：《乡土重建》，第8页。

体”状态下形成的由衷的、自发的人际情感和自律的道德意识。当然，家庭还是存在的，但原子式的家庭成为与社会相对立的私领域，与之相关的一切婚丧嫁娶、生儿育女活动都变成高度私人性的活动。一旦进入企业、单位等社会组织，人们便成为“彼此认识的陌生人”。

长久生活在这种“外部自然”和“内在自然”缺失的“陌生人社会”是造成现代人心理“压抑”的重要原因，它导致多种精神疾患，这是东西方城市病的最普遍症状。

显然，如果我国乡村的未来文明形态以上述城市文明为蓝本，就不可避免地会染上相近的城市病。反过来看，正是城市或都市病唤起了人们精神世界中的“家园感”。事实上，目前国内大量关于“乡愁”“家园意识”的讨论已经充分表现出人们对这种“内在自然”的需求。而所谓“家园意识”实际上是对当代社会中“类家庭因素”的呼唤。值得注意的是，几乎所有相关讨论都是围绕中国乡村问题展开的，其根本缘由在于，以“乡土中国”范式为代表的传统乡村文明虽然在过去百年中遭到了系统性崩解的命运，但人们对这一文明中保有的“外部自然”和“内在自然”依然还保持着相当深刻的记忆。

传统乡村文明向现代转化的“间断”不仅源于单向的城市化。事实上，伴随传统教化体制瓦解和市场经济大潮的裹挟，伴随一个时期内乡村非组织化程度的大幅提升，许多乡村的民间生活秩序严重失范和紊乱。不少乡村民众的生活出现了美国社会学家贝格尔所说的绝对的“外部化”问题：逐利性主导了人与人之间的关系；信用缺失成为一种常态；村落治理除了有“好人型”“能人型”，还出现了“恶人型”“强人型”等现象；婚丧嫁娶、重大节日等活动失去了其与“根系性”价值的联系，变成了攀比夸富的场所；老人、妇女和儿童的失养则成了难以解决的痼疾。最终的对死亡所持的虚无主义态度让人们彻底变成“现世性的存在”。这样的“间断”现象每日每时可见诸各类媒体。在这样的环境中，即使人们住上新房、开上新车，也依然无法构建起我们心目中的新乡村文明。

（二）“政治本位”治理能否根本解决文明转化的“间断”问题？

对于这种普遍存在的“间断”现象，学界和决策者早有深刻认识。近年来，各级政府尤其是基层政府接连出台扫黑除恶、整顿乡村基层治理的举措，这些举措具有浓厚的行政色彩。当然，国家出台的“城乡社会治理一体化”政策是要给乡村注入组织化、法治化的现代文明元素。但在目前背景下，它很难置换掉多年来形成的政治本位的社区管理方式，它俨然构成了一种根深蒂固的“新发明的传统”，并且在动员和组织方面显示出一定效率，在整顿和规制乡村经济社会和文化生活秩序方面也具有一定成效。

但是“政治本位”的治理方式存在一些难以克服的局限性。其一，基层行政部门管理事项过多，不堪重负。其二，不少基层行政组织成员在解决地方问题时缺乏专业化知识和能力，譬如多年以来，社区内部的纠纷以及违法现象难以得到依法解决，许多地区传统村落保护沦为传统村落的建设性破坏的现象屡屡发生，等等。其三，“政治本位”的管理方式强化了权力在人们心目中的地位，而与之对应的民众权利则更多具有“权力许可或权力赋予”的色彩，这不利于培养乡村民众的现代公民意识。其四，也是最重要的，从行政命令角度推行的文化建设和道德建设很难将来自外部的“他律”要求变成村民内生的“自律”规范，因此这种建设很难内化为民众自身的文明素质，这就使花费大量投入的相关建设沦为形式化的、外在化的政绩工程。

由于上述原因，近年学界围绕如何改善乡村基层治理进行了大量讨论。许多讨论聚焦于提高基层村落的村民自治主题，一些学者由此重提费孝通曾经提出的乡村基层社会的“双轨制”治理模式，即在基层社会建立一种教化机制，使之成为行政权力的补充。许多学者向往中国自古以来的所谓“县政村治”或“乡政村治”模式，希望在国家权力覆盖的同时保持地方教化权力的存在，希望在国家大传统覆盖的同时保持地方叙事的空间。

然而，正是在这里，我们遇到了全球范围内现代性社会共同面对的那个难题：现代性的政治体系很难从自身内生出一种与之对应、与之互补的教化体系。但如果没有这样的教化体系，民众难以内生出自律性的道德诉求，更难建构起一种可以给经济、政治、社会秩序提供稳固基础的意义世界。

走笔到此，有人会说上述问题绝不仅仅是乡村文明尤其是基层社区文明建设的难题，而且是城市文明所面临的问题。事实确是如此。它无非说明，乡村建设运动先贤百年前的论断没有过时：“民族复兴，首先在建设乡村，建设乡村的人。”而这进一步提示我们，今天我们在大力推进“城乡社会治理一体化”的同时，一定不能使乡村成为城市的“副本”，不能使乡村社区成为城市社区的“副本”。相反，在乡村探索未来文明新形态，不仅有益于治疗城市文明的痼疾，还可以给城市文明建设提供借鉴。

四、重塑“家园意识”：乡村社区建设应重视“心灵秩序”建构

前文已经将乡村文明新形态的论述重点从乡村全域转向乡村基层，

即“社区”。这体现了本书的一个看法：如果说我国目前城镇化发展的政策重点在于中小城市和小城镇，应在相关行政体制改革方面重视“县域推动”，那么乡村文明建设的重点便在以村落或村庄为代表的基层社区。因为它是重塑贴近人的“内在自然”的“类家庭因素”的平台，是重塑人们“家园意识”的平台，而“家园意识”的重塑有赖于乡村民众“心灵秩序”的建构。

（一）“心灵秩序”重塑：传统乡村文明与乡村文明新形态的内在接榫点

一切社会的存在和健康发展有赖于它的秩序建构水平。而秩序可以粗略分为两类：一类是社会生产生活的**外部秩序**，一类是使民众内在精神诉求有所安置的**心灵秩序**。传统“乡土中国”社会的外部秩序是由奠基于“自然血缘—地缘”纽带的心灵秩序保障的，但那种结构的生产生活方式基础已经瓦解；现代社会无论在城市还是乡村都高度关注以“政治本位”的方式建构外部的经济社会秩序，它大大提高了人们的生产效率和生活秩序水平，但在心灵秩序的基础建构方面则显得能力不足。

心灵秩序是前面所说人的“内在自然”的必然要求，缺失这样的秩序建构，一个社会即使是高度组织化、高度效率的，但却难以被称为一种“文明”，更遑论一种“典范的文明”。而心灵秩序建构的重点应当在社会基层，也就是现代所说的“社区”。巧合的是，滕尼斯在《共同体与社会》一书谈到的那种“原始的、自然的共同体”在英文中写作community，而这个词在当代也广泛用于指称城市体系中的基本单元“社区”。这个语词用法的连续性似乎提示我们：现代社区建设中应当续入“原始的、自然的共同体”所蕴含的那种贴近人的“内在自然”的因素，应当在提升行政治理水平的同时，将心灵秩序塑造放在重中之重的地位，并为这种秩序建构提供可行的体制机制方案，以此来重建现代乡村民众的意义世界和道德基础，这是使传统的“共同体”向现代“社区”转化的关键。

为此，本书结尾的部分将尝试探讨的问题是：能否将“类家庭因素”代入对当代乡村基层社区心灵秩序的建设？这项论证工作的难度很大，而且必然会包含大量想象的因素。但没有这方面的深入探讨，未来的乡村文明就难以体现“文明”的本义。

在围绕心灵秩序塑造提出具体的体制机制方面的建议之前，需要解决一个方法论问题。前面提到，以农耕经济为基础、以“乡土中国”范式为代表、在数千年里积淀而成的传统乡村文明既然与现代文明在“构成性规则”上具有质的差异，那么它的内容要素又如何可以续入到现代乡村文明的建设中呢？为此，我们显然需要在方法论上完成一种“时间维度的倒转”：从本质主义描述的立场来看，“乡土中国”代表的传统乡村文明毫无疑问是“过去时+完成时”的；但从建构主义的立场来看，这种文明中的各种要素又获得了“进行时+未来时”的地位。换句话说，本质主义描述的方法依据的是“过去—现在—未来”单向顺承性的时间观，而建构主义方法依据的则是“现在本位或未来本位”的时间观，对它来说，“过去”的一切又被置于“未来”的位置。

不仅本国的“过去的传统”可以被重新置于“未来”的位置，而且其他国家已然存在的诸多实践也可以被置于“未来”的位置。这是一种向未来、向外部世界的开放姿态。

经过“时间维度的倒转”，一向被视为本质主义整体的“传统”

完全可以被分解为道金斯或布莱克摩尔所说的“模因”（meme）。[①] 所谓模因是以我们的记忆为载体、通过模仿可以得到传播乃至成为时尚的那些文化元素，它可以是一个观念、一段旋律、一个图像元素乃至一种仪式环节等。实际上，将传统当作“模因库”，把传统的模因碎片当作旧建筑的砖瓦，用来搭建新的“时尚”建筑，这正是鲍德里亚所说的“仿像时代”文化创意工作的全部秘密。

需要说明，本书推荐的“类家庭因素”与其说像是从过去的传统整体中剥离出来的某个模因元素（譬如一段旋律或一个视觉图案元素），不如说更像是一个能使生物组织器官再生复制的基因图谱。一旦将它续入现代社会社区的机体，则可能重生或复建出相关的心灵秩序系统。对本书而言，我们希望在社区建设层面引入“类家庭因素”，以形成现代意义的教化机制，唯有具备这样机制的乡村建设才是一种名副其实的“文明建设”。

（二）“类家庭因素”的含义：它是对传统家庭因素的超越

“类家庭因素”所包含的“类家庭情感”、“类家庭意识”和“类家庭关系”等，本来萌发于滕尼斯所说的那种“原始的、自然的家庭”，但它绝不等于“传统家庭因素”。“类家庭因素”中的“类”字旨在强调：它要通过“创造性的转化”升华为一种超越“原始的、自然的家庭”的情感、意识和关系结构。正因如此，在现代社区中续入“类家庭因素”绝不是要简单恢复传统的基于生理血缘联系的家庭组织结构，譬如恢复过去乡村中普遍存在的家族、亲族或宗族的组织结构。这不仅是一种“事实的不可能性”，即除了在极少的地区（譬如

① 参见道金斯：《自私的基因》，卢允中等译，中信出版社 2018 年版。

华南地区），大多数乡村的传统家庭、家族体系已经失去了生存空间；也不仅因为这类家庭赖以维持的宗法制度包含着强烈的“父权制”基因等。其根本差异在于：农耕社会中的家庭或家族在本质上是个“自私”的单位，家人或家族成员之间的亲情和忠诚更多属于孙中山先生所说的“私爱”。正因如此，儒家礼法有所谓“亲亲之杀”的“等差之爱”，它构成了费孝通所描述的“差序格局”的社会。这种依血缘亲疏而确定情感等差的礼法虽然是自然的，但却埋伏着一种等级化的情感，埋伏着“我/他”对立的种子。

与之相反，“类家庭因素”是说要在不属于血缘家庭的人群之间、在各社会阶层的人群之间，甚至在陌生人之间建立一种像家庭成员一样的自然的、由衷而来的关系，因为超越了自然性的“家庭之私”，所以要求在不同家庭、不同职业是陌生人之间实现“无差之爱”，此即孙中山先生所说的“公爱”，也是孔子所说的“泛爱众而亲仁”，孟子所说的“老吾老以及人之老，幼吾幼以及人之幼”的意思。①

在陌生人群中培育“类家庭情感”和“类家庭关系”的诉求适合于经历百年转型的当代乡村社会。本书在城镇化“涡旋效应”部分谈到，我国越来越多的乡村已经不是世居人口占主导的社会，“人口多元”“混合人口”成为许多村庄的人口结构现实。在这个背景下，若要为恢复传统教化机制、传统礼法和传统道德而重新恢复传统家庭或宗族，无疑是一种在事实上不可能的反动。然而，也正是因为现代人群具有较强的理性经济人和政治人身份，正因为互联网的普及让我们在虚拟世界面对着大量的“面具人”，总之，正因为我们的“漂泊式

① 《中庸》谈到“亲亲之杀，尊贤之等，礼所生也”，体现的是一种现实主义；《论语》中所说的“泛爱众”“四海之内皆兄弟”则刻画了“仁”的理想主义内涵。不少学者在考察家庭在我国儒家文化中的核心地位时，很少意识到它应当被提升改造为超越的、类家庭的教化力量。

生存”的社会是个“陌生人社会”乃至“彼此认识的陌生人的社会”，我们的“内在自然”才渴望在社区层面续入能够使陌生人成为熟人，使那种由理性经济人、政治人构成的“陌生人社会”转化为“新型熟人社会”的“类家庭因素”。

（三）重塑心灵秩序才能有效克服“生存现世主义”和“死亡虚无主义”

在乡村社区层面续入“类家庭因素”有可能使民众生活中的婚丧嫁娶、生老病死从目前的“私事”状态转化为社区“公事”，从而找回一定的象征价值，这正是心灵秩序塑造的重要内涵。在现代社会，尤其是在保持着强烈陌生人状态的城市社区，婚丧嫁娶已全然沦为一家一户的“私事”。因此，这些活动或者“极简”，全然没有了任何仪式意义和记忆价值；或者“极奢”，将仪式意义全部兑换为金钱或权力。当这种情况成为所有人的“私事”时，便不可避免地在全社会形成“人生意义虚无主义”的氛围。

还有一种情况，那就是婚丧嫁娶的重要人生事件是由传统宗教机构包办。2010 年笔者到西北地区调研时注意到，当地官员抱怨说，民众的婚丧嫁娶活动都在宗教场所，而自己由于身份限制，即使在退休后也难以融入这些活动，随后便表现出一种失落感。与之相反，当地村委会则与民众的这些日常生活事件没有关系，从而成为一种“悬浮的机构”，这样的机构显然无法参与到民众自律道德、心灵文明的塑造之中。我们将此称为“公共服务系统两张皮”现象，这个现象应该是普遍存在的。

应该看到，在当今高速发展、剧烈竞争的社会中，基层民众会比农耕社会的人面对更多心灵上的“边缘处境”，这提示着在基层社区探索“心灵秩序”建设的极大必要性。美国社会学家贝格尔指出：“对于日常生活世界而言，人们经常会遇到因疾病和激烈情感骚动而产生的‘迷乱虚无感’（ecstasy）。面临死亡（通过实际上看到他人之死或在想象中预计自己的死）可能形成了最重要的边缘处境。死亡向一切在社会中被客观化了的实在，即关于世界、他人和自我的解释提出了激烈的挑战。死亡也使人在日常生活中所持有的视一切事务为当然的态度成了问题。……因而面对死亡而证明社会世界之实在的合理化论证，在任何社会都是绝对必需的。”① 这个论述非常重要，它让我们看到，“政治本位”的治理模式虽然在组织动员方面颇有效率，但在人们面对边缘处境时却不能充分发挥其**“了烦恼”“了生死”**的功能。这印证了一句套话，“政治是无情的”。以最极端的“了生死”而言，本书认为这是我国当代社会基层最为缺失，也造成最大负面后果的问题。

其一，在只存在经济、政治秩序建构，缺失“心灵秩序”建构的环境下，任何人关于“死”的想象以及面临“死”的情感意识都变成纯粹“私人性”的问题，除了家庭成员，很少有其他社会机构能够给当事者提供自然的、由衷的心灵慰藉。

其二，当人死亡后，目前的时尚是一切“从简”，从仪式的从简到墓地的从简，最终必然是记忆的从简，乃至人生意义感的从简。这种“从简”让中国“慎终追远”的“远”彻底消失，从而使“慎”无所落实，这不可避免地造成全社会范围内的“死亡虚无主义”，将人们更大程度地推向外部利益导向的、得过且过的“生存现世主义”。

---

① 彼得·贝格尔：《神圣的帷幕：宗教社会学之要素》，高师宁译，上海人民出版社 1991 年版，第 54 页。“ecstasy”在美学意义上通常译为“迷狂”；在海德格尔哲学里或译为“出窍”。但贝格尔用在这里是说，人们在边缘处境的情感中忽然会感觉现世的一切全属虚无。

总的来看，我国近百年来尤其是近几十年来的社会转型正使越来越多的人不断面临生活中、心灵上的“边缘处境”，而提前到来的老龄化社会也使“死”这样一个终极性“边缘处境”问题迅速凸显。以市场经济的方式来解决这些“边缘处境”，常常会使“边缘处境”沦落到更加“边缘”的境地。而政治本位的治理模式对于这些问题的解决往往是隔靴搔痒的，难以触及情感深处。目前，基层社区尤其是乡村基层社区，不少老年人的生活基本还停留在维持生命这一基本层次上，空巢家庭、孤独老年、老人自杀的问题极为严重。需要指出的是，对人的自然情感来说，“怜爱幼小”相对容易，但由衷地怜爱老人却只有依赖于那种超越自然情感的“类家庭情感”才能解决。没有这种“类家庭情感”，每年近千万走向人生终点的老人群体中会上演多少绝望的悲剧，全社会同情老弱的观念也很难真正建立起来。

笔者注意到，我国许多地区已经在探索塑造这种“类家庭情感”机制，一些志愿者组成的“养老机构”在国内许多地区迅速铺开。对于这些机构应当给予政策上的鼓励和支持。

五、结语：完善“乡村社区综合体”的必要配置，塑造乡村文明新形态

物质生活丰裕或“外部秩序”建设能够使一个社会显得伟大，“心灵秩序”建设才能使一个社会真正变得文明。我国在提出乡村五大振兴时，不仅强调“物质生活的共同富裕”，而且也提出“精神生活的共同富裕”。这后一个“共同富裕”的建设基点在基层社区，而由于现代乡村离过去的文明形态并不遥远，现代乡村处于较大幅度的

重建重塑过程，因而乡村基层社区无疑最有条件成为我国创造文明新形态的“试验田”。

我们建议乡村基层社区，无论是一个村落还是一个乡镇，在实现产业促进、居民物质生活改善目标的同时，还应致力于建设成一个服务型的“**社区综合体**”。这个综合体应包括一些基本的“**社区必要配置模块**”，它可以包括但不限于以下功能。

行政治理功能：在我国，乡村社区综合体一定要坚持党的领导，坚持走共同富裕的社会主义道路。

法律介入功能：乡村社区乃至一切社区通常会出现大量涉及法律问题的民事纠纷，基层行政组织为解决这些纠纷耗费大量精力，并且由于权限和专业水平限制，难以根本解决相关问题。建议我国乡村社区引入发达国家现有的“小额法庭”体制，使民事纠纷当事人可以以最小的时间和财力成本依法快速解决问题。这是现代社会依法治理原则的题中应有之义。

家庭医生功能：我国城市和乡村已经普遍建立医疗养老保险制度，但医疗资源分配不均、大医院人满为患、医疗资源浪费等痼疾长期难以解决。建议在乡村社区层面引入发达国家的家庭医生制度，每个家庭医生对所负责的家庭具有一种“类家庭关系”的熟悉，没有家庭医生的许可，患者到大医院就医不会得到医疗保险赔付。而家庭医生是否正当履职，是由各家庭用户和保险机构共同监督的。在医生、用户和保险机构之上设有专业仲裁机构，这样能保证此项制度长久运行。

文化建设功能：乡村基层社区将在传播国家大叙事的前提下，同时致力于重建和重塑与地方性习俗、叙事有关的文化因素的发掘，并将其提升为“文化乡建”乃至“艺术乡建”的可能资源。在恢复地方性叙事过程中，要充分恢复与地方计时系统相关的“节日”的“仪式”因素，让这些历时性的仪式承担起该地方的“提醒者制度”。

学习培训功能：乡村基层社区面对即将走向社会、走向城市的人群，面对乡村产业新业态的快速发展和更替，承担起各种培训活动的组织和监督功能。

然而，在所有这些“社区必要配置”中，本书特别强调应通过强化社区成员的心灵沟通功能，重塑符合人群“内在自然”的“类家庭要素”。这种重塑需要通过“共同体”成员之间日常的、定期的和仪式性的、超越功利的心灵情感“沟通”活动而得到实现。英语中的 communication（沟通）与 community（共同体）是同源语词，它提示着一个规则性判断：没有超功利的心灵沟通就没有符合人的“内在自然”的共同体。[①] 为此，乡村社区应向一些能够介入人们日常婚丧嫁娶、在人们心灵情感的边缘处境中发挥积极影响的机构开放，使“生死之事”重新赢获超越私人生存、超越现世利害的意义和价值。这部分工作对于建构一个社会的“心灵秩序”是最为必需的，也是最为困难的工作。

然而，所有这些工作都依赖于一个特定的群体。在传统“乡土中国”的社会，这个群体是承担教化功能的“乡贤”。今天，大部分乡村社区呈现“人口多元”局面，社区建设吸引了相当多的投资者、从业者、返乡者、退休者以及包括人类学学者和艺术乡建的志愿者等群体。为此，一些乡村实践派学者提出要重建“乡贤”基层。一些常年探索艺术乡建的实践者也常常困扰于一个难题：在积极投身于乡村建设多元主体中，如何能够对长官意志、形式主义施行必要的限制。他们呼吁应在乡村基层社区配置一种既能够保证党和政府的领导，又能

① 英语中，基督教团体或教会写为 communion，它更加明示了基于心灵沟通的共同体的意味。

让“多元主体”在乡村社区建设中发挥科学合理作用的机制。本书建议在社区层面采纳和改造英联邦国家自上世纪40年代起实施的“艺术理事会”（art council）经验，建立譬如“乡村文明理事会”一样的机制。该理事会由政府代表、社区多元主体的代表按比例构成。该机构作为半独立于行政机构的“第三方机构”，每年向地方人大提供报告和规划，并具有社区建设专项经费50%的拨款权，对相关项目进行监督的权利。此外，地方人大还可以设立相关投诉机构，受理地方行政单位、社区文明理事会以及具体项目法人的投诉等。

以上建议的可行性有待批判论证。但本书相信，在“城乡融合中国”的历史阶段，我国能否建构出乡村文明新形态，不仅有赖于乡村物质生活层面的共同富裕，而且有赖于精神上的共同富裕，这种富裕有赖于符合人的“内在自然”的“心灵秩序”的建设，有赖于由此而来的“教化秩序”的建设。唯有这种秩序才是使“陌生人社会”变为“新熟人社会”的保障，才是使民众超越“生存现世主义”和“死亡虚无主义”的保障，才是使我国乡村“文明起来”、为当今世界提供文明典范或典范文明的保障。

外一篇

APPENDIX 1

从“根系式生存”到“漂泊式生存”

高速城镇化给我们的生活世界带来了哪些变化？对此人类学的描述与哲学人类学的描述方式是不同的。人类学会聚焦乡村传统意义世界的失落、乡村人口的流动、乡村空间形态和设施的变化等，但哲学人类学则倾向于观察它给我们的人生图景变迁带来了怎样的改变，并寻找新的命名来表征这种改变。正是从这个角度，本文提出“根系式生存”与“漂泊式生存”两个名称，它们关注的问题包括：人是如何从“常住群体”变成“暂住个体”的？人的“乡土生活空间”如何变身为“景观展示空间”？传统如何从封闭稳定的“根系形态”转换为开放多变的“混搭形态”？总之，如果说数千年前人类经历了从“游牧时代”到“定居时代”的转变，今天他们何以再度变成了“都市游牧群体”？等等。这些新命名虽多，但大都来源于我们的常识性感受，下面先从目前较热的“乡愁”话题谈起。

一、从两种“乡愁”谈起

随着中国城市化进入快车道，乡愁日益成为流行的文化主题。1978—2016年，我国城市化率从17.9%跃升为57.4%，城市常住人口从1.72亿跃升为7.8亿，[①] 也就是说，不到40年，我国城市常住人口增加了6亿多。再从民工数量来看，2016年全国民工总数多达2.82亿。如此规模的人群在一代人的时间里由乡转城，古来未有，举世未见！正因如此，乡愁作为数亿人的强烈生命体验才会以前所未有的方式凸显出来。

当然，作为以家乡为记忆对象的情感，乡愁并非今天才有。中国古人从不缺乏这类体验，“乡心正无限，一雁度南楼”“家住吴门，久作长安旅”，这种感时伤怀的句子在古诗词里比比皆是。[②] 但相对于古人，今人谈论乡愁的语境和意味大不相同，为此有必要对“乡愁”概念的两种内涵进行甄别。

顾名思义，乡愁是对家乡的思念。围绕着家乡，乡愁可分为两种类型。一是“有家难回的乡愁”：乡愁主体或因宦游，或为经商，淹滞他乡，羁旅天涯，每逢佳节或独酌月下，不由会兴起浓浓的乡思。不过这种愁思大多可以排解，因为家乡犹在。“少小离家老大回”，一个“回”字道出思乡游子因情感空缺得到填补而得到的巨大喜悦。相

① 参见国家统计局公布的《中国城市化率统计数据（1949—2016）》中的《1978—2013年全国人口和城市化率》数据。需要说明，57.4%是常住人口，而城市户籍人口率尚不到40%。此外有学者指出，所谓7.8亿城市人口，含大约1.8亿所谓“镇民”，即在2万个镇中生活的居民。

② 赵嘏《寒塘》：“晓发梳临水，寒塘坐见秋。乡心正无限，一雁度南楼。”周邦彦《苏幕遮·燎沉香》：“燎沉香，消溽暑。鸟雀呼晴，侵晓窥檐语。叶上初阳干宿雨，水面清圆，一一风荷举。 故乡遥，何日去？家住吴门，久作长安旅。五月渔郎相忆否？小楫轻舟，梦入芙蓉浦。”

形之下，另一种乡愁则是难以消解的，那是“无家可归的乡愁”：乡愁主体的家乡多因遭逢乱世而毁于兵燹——家乡没有了，乡愁成为难以填补的精神缺憾。

古时道路阻隔，音书难通，困扰人的多是“有家难回的乡愁”，但这类乡愁如今日益淡薄了，一个人即便身在异国，离家万里，也能凭借网络随时踏上精神的返乡之旅。反之，过去唯有在天灾战乱时才较为多见的“无家可归的乡愁”，如今却成了主要的乡愁形态，这当然是现代城市化造成的，它不仅迫使人们离开世居的土地，同时夷平了他们世代厮守的家乡。

从全球来看，城市化与乡愁早已不是新话题，但比之世界多数国家，我国的城市化进程因为受到政治权力、资本权力和文化创意力量的合力驱动，让几乎所有城市实现了脱胎换骨、改头换面的改造：这个数千年来以“家国一体”自许的国家，仅用一两代人的时间就把“家乡”在国人的精神层面、社会关系层面和景观层面成为“乡愁”一般的存在。失去了家乡，乡愁就沦为情感的孤魂野鬼；失去了家乡，我们便沦为拥有乡愁的最后一代人！那么，那个正在失落的“家乡”究竟是什么呢？这个“家乡”的失落究竟意味着什么呢？

二、“家乡”的结构意涵：血缘亲属共同体 + 邻里熟人共同体

乡愁的意向对象是家乡，但对“家乡”这个双字词的历史语义学分析表明，“家乡”对古人和今人具有全然不同的意味。

“家乡”在汉语里久已存在，唐初诗人贺知章即有“离别家乡岁

月多，近来人事半消磨”的名句，[①] 与“家乡”属同一语义簇的语词更是多样，如“故乡”“家园”“故园”“故土”“故里”“桑梓”等，它们的核心语义大体相当。

在上面所列的双字词中，“家乡”一词有个明显特点，即可以被分解为两个语义完整并且高度相关的单字词——“家”与“乡”。如果说双字词“家乡”可以用来标识“家乡一体”的观念，那么单字词“家”与“乡”的分立则标识着“家与乡分离”的观念。对这两个语义范型的甄别有助于我们识别两种生存论经验：古代中国人普遍拥有“家乡一体”观念，现代中国人则普遍面对着“家与乡分离”的现实。我们先谈谈“家乡一体”的语义范式。

“家乡”一词由“家”与“乡”组合而成，自有汉字以来，“家”就被用来命名社会最小的“血缘亲属共同体”，“乡”则用来表达社会基层的“邻里熟人共同体”，“家乡”则是这两类共同体的集合，这就是本文所说的“家乡一体”的含义。以这种理想型的“家乡”观念作为参照，有助于理解我国古人最初面对的周围世界，以及这个世界在现代的瓦解。

首先来看单字词“家”，它在甲骨文（一期）中写作。许慎解道，“家，居也。从宀（mián），豭（jiā）省声”。“豭”指种猪，是中国先人定居后的主要家畜，显然，这个“家”字生动刻画了我国农耕时代先民栖息生活的状态。[②] 另有学者考证，“家”有夫妻同处一室

---

① 贺知章《回乡偶书》：“离别家乡岁月多，近来人事半消磨。惟有门前镜湖水，春风不改旧时波。”

② 邹晓丽在《基础汉字形义释源》（北京出版社 1990 年版）一书采用了这个解释：“家，从宀，从豕，屋内有猪的意思。因上古之人以游牧为生，生活很不安定。后来进化到把猎得的活兽豢养以备用，这才安定下来。于是屋内养猪者，都是定居的人家。”参见该书第 140 页。不过，也有学者认为“家”的初义是“屋廊下摆‘豕’进行祭拜”的意思，以后才衍生出“住所”的意思。参见李乐毅《汉字演变五百例》，北京语言学院出版社 1996 年版，第 153 页。

交媾繁衍的意思，古代夫妻常以“家”互称，因而“成家”成为婚娶的代名词。

此外，“家”亦有“小家”和“大家”之分，费孝通的《江村经济》第三章起首就是在这个意义上使用了“家，扩大的家庭”这样的标题——“家庭，是指一个包括父母及未成年子女的生育单位”，而“扩大了的家庭，是因为儿子在结婚之后并不和他们的父母分居，因而把家庭扩大了，……它有时还包括一些远房的父系亲属”。[①] 显然，“扩大的家庭”就是家族。无论“小家”还是“大家”，其关系维系的基础是血缘，其关系维系的规范则是宗法。

在中国儒家思想中，作为社会最小血缘和宗法单位的“家”成为与“国”同构的基本伦理政治单位。《大学》有言：“所谓治国必先齐其家者，其家不可教，而能教人者，无之。故君子不出家而能成教于国。”《中庸》所列的君臣、父子、夫妇、昆弟和友朋这五种“达道”中，中间的三项与家庭直接有关。《论语》中则提到：“君子务本，本立而道生。孝弟也者，其为仁之本与！”总之，“家”是中国古代社会最基本的血缘亲属单位和伦理政治单位。

与“家”作为对照，单字词“乡”的初义虽曾有不同解释，但其流传下来的主要含义渐渐凝聚为由邻里熟人构成的生活基本行政单位。“乡”的繁体字是“鄉”，在甲骨文（二期）写作，近人认为该字的意思是主宾（即、）在餐桌（）两侧相向对食，因此“鄉”是“飨”即“饗”的本字。[②] 显然，这个“乡”与基层行政单位没有直接联系。

① 费孝通：《江村经济》，第29页。

② 参见李乐毅《汉字演变五百例》，第372页；邹晓丽：《基础汉字形义释源》，第12页。

不过，许慎的《说文解字》对“饗”与“鄉”是加以区别的。在那里，“饗”是放在“食部”中来解读的，意指“鄉人饮酒也”，[①]这个句子显然出自《论语·乡党》“乡人饮酒，杖者出，斯出矣”一语，描述的是当时流行的“鄉饮酒礼”。与之不同，“鄉”在《说文解字》中则是放在“邑部”中的，许慎将其训为“民所封鄉也”。[②]这里的“鄉”就具有行政单位的意思了。段玉裁引述《周礼》，周代“五家为比，五比为闾，四闾为族，五族为党，五党为州，五州为乡”，这里的“鄉”虽然是个基层行政单位，但其规模很大，管理着12500余户，每个乡设大夫“卿”一人，这大概可以解释为什么“鄉”与“卿”相通了。汉代的“鄉”也大体如此，有“百家为里，十里一亭，十亭一乡”的说法，其中的“里”或“亭”大约相当于“村”，它们比“乡”更基层，由此而有“乡里”、“乡村”乃至“邻里”等说法。撇开行政单位的意思，“乡里”或“邻里”这样的说法显然凸显了邻居、街坊或熟人共同体的含义。

上述语义追溯表明，“家乡”这个双字词是“血缘亲属共同体（家）”与“邻里熟人共同体（乡）”这两类义素叠加的产物，但这不是两类要素的机械相加，因为叠加的基础依然是血缘。由于古代社会的家族或乡村相对封闭，人的通婚范围狭小，因而一定空间内的邻里熟人社会往往是个放大的、潜在的血缘亲属共同体，即使邻里熟人现在没有血缘亲属关系，未来依然具有进入血缘亲属共同体的可能，由此而有“乡亲”一类的说法。费孝通对此有个传神的说法：“提到我们的用字，这个‘家’字可以说最能伸缩自如了。‘家里的’可以指

① 许慎撰，段玉裁注：《说文解字注》，上海古籍出版社1981年版，第411页。段玉裁引述注释说：“饗，鄉人饮酒也。其牲，鄉人以狗，大夫加以羔羊。”

② 同上书，第547页。段玉裁注：“所封谓民域其中，所鄉谓归往也。”

自己的太太一个人；‘家门’可以指伯叔侄子一大批；‘自家人’可以包罗任何要拉入自己的圈子，表示亲热的人物。”① 血缘亲属关系的强势蔓延，使家乡范围内的亲属称谓高度繁复，父系母系、姑表姨表、五服九族，各种称谓不一而足。正是由于这个原因，一个家族的“大家长”或“族长”不仅是某个血缘亲属共同体的首领，还可以担任村落或乡里等基层社会单位的行政教化首脑。如汉代里吏官职便有“父老”一名，更高一层的乡吏则有“三老”（即德行服众、负责教化的长者）官职。显然，“家乡”这个“血缘亲属共同体+邻里熟人共同体”分有着宗法、伦理和政治含义。

当然，“家乡”的内涵不限于血亲和熟人的社会关系范畴，它更是一个虽说边缘不清但却相对隔离的生活世界。黄土高坡的窑洞，小桥流水的江南水乡，构成了不同家乡的自然生态景观，而一座祠堂、宝塔或土地庙，一段社戏或传说，足以显示家乡独特的人文生态特征，该生态还包括方言俚语、街巷设施命名、风俗节日和饮食风味，等等。这些事项的唯一性、独特性源于这个生活空间的相对隔绝，费孝通称这种隔绝为“地方性”，“地方性是指人们活动范围有地域上的限制，在区域间接触少，生活隔离，各自保持着孤立的社会圈子”。②

值得一提的是，费孝通的《乡土中国》出版于1947年，在那之前的10多年，德国现象学哲学家胡塞尔在探讨作为精神科学关注对象的“前科学时代”的“生活世界”概念时，也使用了包含近与远、隔绝与开放、熟悉与陌生、世代相续、个体与共同体等描述维度的“周围世界”（umwelt）的观念，上文所研讨的“家乡”约略等于传统中

① 费孝通：《乡土中国》，人民出版社2015年版，第27—28页。
② 同上书，第5—6页。

国的"周围世界"。[①] 无独有偶，海德格尔在1954年发表的《建筑·居住·思想》（*Bauen*，*Wohnen*，*Denken*）一文，采用其惯用的历史语义学手段，从对德语"建筑"（bauen）一词的溯源分析中离析出人的生存的多重含义。例如：bauen的古德语buan意味着人的居住；bauen的另一语义意味着人在大地上种植，如对庄稼的看护，为此它与作为文化词根的cultura（即"照管"）近义；bauen还是古语nachgebauer（即"邻人"）的重要组成部分。此外，作为居住者的人相对于神圣者而言是个有死的"短暂者"。推究到最后，海德格尔指出，bauen这个词在印欧语中的最早词根是bhu——这是个表达生存之义的系动词，即德语bin，bist等，因此，"我居住"意味着"我生存"。值得注意的是，海德格尔从bauen一词辨析出来的"居住""大地""照看-种植""邻居""居住边界"等所有要素，似乎都源于他在黑森林的"乡下"生活空间，[②] 因而他由"建筑和居住"话题所引申出的"生存"观念，与中国古代"家乡一体"的观念非常贴近。正是基于这个观念，海德格尔认为，现代人类生活已离开了本真意义的"居住"和"生存"："他们无家可归"，而无家可归是先于现代性一切灾难（包括世界大战）之前的灾难。[③]

---

① 参见胡塞尔手稿《自然科学的态度和精神科学的态度。自然主义。二元论和心理物理的心理学注。》和胡塞尔1935年的演讲《欧洲人的危机与哲学》，两篇文章作为"增补"收录在胡塞尔《欧洲科学的危机与超越论的现象学》（王炳文译，商务印书馆2001年版）一书之后。其中，关于"精神科学"与"周围世界"的关系，见该书第347页、351页、371页等；关于"生活世界"是"通过身体而被定位了的近的—远的世界，这个周围世界同时也处于左—右、上—下的显现方式中"，周围世界对"个体"来说就是沿时间流传的传统或共同体等，参见该书第363—264页、369—371页、387页。

② 参见海德格尔：《建筑·居住·思想》，载《诗·语言·思》，彭富春译，文化艺术出版社1991年版，第133、144页。译文使用参照了德文本原文。

③ 海德格尔：《建筑·居住·思想》，第145页。

三、“家乡”的时间意涵：根系记忆所负载的“传统”

“家乡”是血亲、邻里、方言、礼俗等多样地域性元素的空间集合，也是个超越“当下”的时间性存在，这种存在的载体是记忆和记载。德国哲学家卡西尔在《符号形式的哲学》中叙述神话意识时提到，时间直观是神话意识得以存在的最重要条件。自然意义的时间在本质上是无间隔的，无始无终的，均匀流逝的，但神话时间却包含起源（genesis）、变化（becoming）、阶段（phase）和目的（end）。[①] 必须看到，不同神话时间的最大区别在于它们属于不同的时间刻度体系。这不难理解，每个人都有属于自己的独特生日和重要时刻记忆，他凭借这个独特的时间刻度体系而区别于他人。同理，一个国家的历史，一个地区的方志，一家一姓的谱牒，都有着区别于他者的独特时间刻度系统，这些系统中的刻度是由重大的事件、人物等来标志的。

中国素称“史国”，不仅因为它的国史资源系统宏富，它覆盖县、乡、村的地方志文本汗牛充栋，还因为众多家族姓氏的谱牒记述源远流长。国史、地方志和谱牒构成了这个国家历史的三大支柱。而乡村方志和家族谱牒则构成了传统中国人时间意义上的“家乡”。

以谱牒为例，上世纪中叶以前，我国几乎所有地区的大姓家族都有家谱族谱和作为祭祀场所的宗族祠堂。历史最悠久、规模最庞大的当数历经七八十代的孔氏家谱和孟氏家谱。虽然在过去70多年，多次

---

① Ernst Cassirer, *The Philosophy of Symbolic Forms*, Volume II, translated by Ralph Manheim, Yale University Press, p104.

政治运动的巨大冲击和村落文化的快速衰落使许多家族的谱牒灭失散轶，但幸存下来的家谱、族谱或姓氏谱系文本依然卷帙浩繁，仅上海图书馆收藏的1949年前的家谱就有1万多种，近10万册。伴随近年谱牒文化的复兴，各地家谱的搜集整理资料将会更多。

家谱是以血缘性联系为基础的世系记载，是隶属于传统家乡的人们最重要身份记录。这份记录刻画的是一个父系血缘传承的链条，该链条通常以某个圣贤达人作为开端，因而这个开端者不仅是血缘意义上的祖先，也是道德意义的初始楷模。同样，世代不绝的修谱行为不仅是对世系延续的单纯记录，还通过褒奖贤达、革除犯过者等举措彰显其道德评价和规范的意涵。这重道德属性让每一代人从家谱获得荣耀感，又把光耀门楣当作每一代人生存的道德责任。从这个意义来看，家谱不单是纯粹过去式的记录，它同时蕴含着过去、现在和未来三个维度。不少家谱的编修者甚至为身后几代、十几代人预先确定了辈分名称，因而每个当下的人都能从家谱中找到自己在生存链条中的含义。

从记载形态看，家谱的显著特征在于连续分蘖的传承方式。一份家谱通常源出于一人，此后经过不断“分房”或“分家”，同根分系，连类繁衍。由此家谱这种记载形式很像树的“根系”，年代越久，枝蔓越多。1976年，美国黑人哈利出版小说《根》，作者经过12年的考证追究，上溯到他在非洲的第七代祖先昆塔，“根”的隐喻随之流行一时。上世纪80年代，伴随中国对外开放，海外华人也兴起了返乡观光的“寻根之旅”。“根”显然是时间意义“家乡”的恰当隐喻，由此可以说，与传统“家乡”有关的记忆是“根系记忆”，而在传统“家乡”中的生存就是“根系式生存”。

“根”不能随意移动，“根系式生存”无非是因为传统的“家乡”

是前文所说的相对封闭的周围世界空间。费孝通说过："向泥土讨生活的人是不能老是移动的。在一个地方出生的就在这地方生长下去，一直到死。……历代不移的结果，人不但在熟人中长大，而且在熟悉的地方上生长大。熟悉的地方可以包括极长时间的人和土地的混合。祖先们在这地方混熟了，他们的经验也必然就是子孙们所会得到的经验。时间的悠久是从谱系上说的，从每个人可能得到的经验说，却是同一方式的反复重演。同一戏台上演着的同一台戏，这个班子里演员所需要记得的，也只有一套戏文。他们个别的经验，就等于时代的经验。"①

费孝通的叙述蕴含着一个意思："根系式生存"是"传统意义的传统"赖以存在的温床。美国芝加哥大学著名学者希尔斯在《论传统》一书中曾对"传统"（tradition）进行过全面考察，认为传统是"代代相传的事物"，是"几代人之间相似的信仰、惯例、制度和作品在统计学上的频繁的重现，重现体现着规范性的后果或规范性的意图……传统是死去的人对活人的影响"，他甚至确定，使"传统"得以存在的最短时间应是"三代以上"。② 显然，希尔斯所说的"传统"是纵向传承的谱系、横向制约的规范，而所有这些界定其实都以某个人群在特定空间中的"根系式生存"为前提。"根系式生存"让死去的人成为活人世界的一部分，它是中国延续数千年的祖先崇拜的基础，正是这种崇拜让活人对过去代际相传的谱系产生了"向来我属性"的依赖感。一旦这种"根系式生存"被解构，传统也就不再是"传统意义上的传统"。

① 费孝通：《乡土中国》，第21—22页。
② 参见希尔斯：《论传统》，傅铿、吕乐译，上海人民出版社2009年版，第25页。

四、“家”与“乡”分离：“家在异乡”与“家乡的异乡化”

传统的“家乡”在空间时间上相对隔离封闭，从逻辑上说，对这种“家乡”的结构性挑战始于“家”与“乡”分离，这种分离在前现代社会固然不时出现，但却只有在现代城市化——尤其是中国特色的城市化——进程中被推向极致，进而言之，现代城市化造成的家与乡的分离还可进一步分为两个类型：一个是“家在异乡”（at an abroad-home），另一个是“家乡的异乡化”（at a home-abroad）。

（一）家在异乡——都市游牧时代的来临

“家在异乡”不难理解，这是指一个人背井离乡，在异地建立家庭，或者一个家庭离开故土，迁徙到陌生的土地生息繁衍。中国西晋末年、唐代安史之乱时期和北宋末年的三次衣冠南渡，宋明末期的南洋迁徙，以及中原地区之间传播甚广的山西洪洞县老槐树传说，都是这种“家与乡分离”的浪潮。就此而言，“家在异乡”远不能说是现代城市化进程特有的现象。

但深入分析，家与乡分离的浪潮在中国古代和现代具有全然不同的模式。古代迁徙造成的家与乡分离只是暂时的，毋宁说这种“家在异乡”的迁徙只是根系式“家乡”模式在异地繁衍的手段：一个家庭虽然离开故土，但它会迅速在新的地域“扎根”，在新的地域重建“血缘亲属共同体＋邻里熟人共同体”，让新的地域成为另一个“家乡”。相形之下，现代城市化进程，尤其是中国上世纪70年代末以后的快速城市化进程，不仅规模空前（它裹挟着数以亿计的大学生、农民工或随儿女到城市养老的老年群体由乡转城），而且其发展模式也与古代迥然不同。对现代背井离乡的群体来说，他们进入城市并不意味着可以在城市中“扎根”，从而再度复制过去的“家乡模式”，相反他们进入城市，他们的“家在异乡”，意味着彻底地挥别传统意义的“家乡”，开始一种“漂泊的人生”。

“漂泊的人生”最渴望或最熟悉的身份证件是“暂住证”或“临时居留证”（绿卡），他们因此获得“暂住人口”的群体名称；“暂住人口”在多变的工作机会和生存机会吸引下四处奔走，他们中的大多数人是永远的“租客”，他们寄居的城市则永远是“驿站”；驿站一样的居所无法“扎根”，那里只有陌生性的人际环境和人际网络，难以形成稳定的“血缘亲属共同体 + 邻里熟人共同体”。总之，对现代“家在异乡”的群体来说，以往身处家乡的那种“根系式生存”彻底转换为随波逐流、听其所止的“漂泊式生存”。

上面，我们描述了当代中国庞大的由乡转城群体所获得的“暂住性”、“无根性”或“漂泊性”等生存特点，但这些特性并非该群体所独有，对城市世居居民而言，近几十年来遍及中国的大规模城区改造和拆迁已经彻底瓦解了他们的“根系式生存”网络和环境，四处搬迁、到处租房的城市居民也普遍沦为漂泊无根的“暂住者”。

“暂住”、“漂泊”和“陌生”，这些语词使人不由地联想起文明初期“逐水草而居”的游牧群体。是的，现代的城市化，尤其是中国特色的城市化，造就了新一代“都市游牧群体”，由此我们发现了一种有趣的循环：至少在中国，人类经过数千年才从“游牧时代”辟出了一块“农耕定居”的乐土，孰料今日的高速城市化又将我们打回原形——人们又回到了“都市游牧的时代”！

（二）家乡的异乡化——家乡实体的消逝

对“家在异乡”的描述表明，当代中国城市化进程把越来越多的人变成了漂泊无根的“暂住者”，与此对应，这个进程还把越来越多的包括自然环境、乡村和城市形态在内的人类生活空间统统变成了“短暂者”（the temporal）。在巨大的“城市化涡流效应”带动下，曾经缓慢生长了千百年的城市、街区、古镇或村庄，无一幸免地被卷入到这个屡拆屡建、屡建屡拆的进程。这种拆建往往是以某种与本土记忆疏离的“异乡时尚空间”为蓝本的，因而“家乡”，无论是乡村还是城市，迅速变成面目全非、不可辨识的陌生空间，这就是“家乡的异乡化”。

“家乡的异乡化”在近70多年来，尤其是近40多年来，对中国农村产生了深刻的不可逆的影响。譬如，10余年前中国华东地区开启了“千村示范、万村整治”的先河，其主旨是“撤并行政村、拆除空心村、缩减自然村”。与此同时，上世纪80年代以来一轮又一轮的新农村建设，数百个城市和上万个城镇的迅速扩张，再加上水库和公路建设等国家重点工程启动和自然环境治理，使整村拆迁和翻建在大部分国土上随处可见。这些整治在改善农村基础设施和人民生活条件的同时，也从建筑外观、社会关系形态和自然环境等方面消灭了曾经流传多年的“家乡”。2003—2015年，我国分6次进行了“历史文化名镇”和“历史文化名村”的评选，入选标准包括“保存文化特别丰富，具有重大历史价值和纪念意义，能较完整地反映一些时期传统风貌和地方民族特色”。在全国总共21300个乡镇中，6批共评选出“历史文化名镇”252个，占比约1.2%；而在59.7万个行政村中，6批评选出的“历史文化名村”为276个，占比约4.6‰，简直可以忽略不计。

这大致说明，在我国，能够保持传统风貌和地方民族特色的村镇已经寥若晨星，新中国成立后经过一轮又一轮改造的现代村镇，其建筑形态和社会关系结构大多已失去其历史风貌和文化特质。

与农村和乡镇相比，“家乡的异乡化”在我国城市表现得更为明显，因为城市是现代城市化涡旋的首要冲击对象。中国规模以上的城市大体可分为两类：一类是自古以来存在的古典城市，它们大多称为“××城”，如“长安城”“汴梁城”“北京城”等；另一类是近几百年来，尤其是19世纪以来主要分布于沿海地区的近现代城市，它们在名称上多称为“××市”，如“上海市”“大连市”“天津市”等。直到20世纪中叶，这块国土上还矗立着成百上千个拥有成百上千年历史的古城，但它们几乎统统在快速城市化进程中变得面目全非。一个颇具反讽意味的事实是，我国目前通行的历史文化名城保护规划是在上世纪80年代初问世的，而这也正是我国新一轮高速城市化进程的起始点。1982年出台的《中华人民共和国文物保护法》第14条明确提出历史文化名城保护，2005年10月《历史文化名城保护规划规范》施行，2008年7月《历史文化名城名镇名村保护条例》施行。然而，中国历史文化名城保护法规问世的这几十年，正是国家历史文化名城或城市历史文化空间破坏最快和最彻底的几十年。人们常说，中国是世界上唯一一个五千年文明不曾断绝的国家，这个判断不知是否适用于这个国家城市空间传统的存续，让我们来看以下数据。

截至2019年10月，中国大陆历史文化名城共评选出135个，其评选标准包括：保存文物特别丰富，历史建筑集中成片，保留着传统格局和历史风貌，历史上曾在政治、经济、文化、交通等方面产生重大影响，历史名城范围内应有2个以上历史文化街区，等等。此外，历史名城的候选阵营不仅包括国务院正式批准的672个城市，还包括

2500多个县城。就此而言，135个名城约占4%，若要深入追究下去，不难发现即使在比例如此之小的名城中，仍有不少城市是名不副实。譬如江南某市2007年当选国家历史文化名城，但经过几十年大开发，这个有3000年历史、辖区面积5000平方公里的城市，古镇古村几乎殆尽，整个市域范围内仅有一处名镇和一处名村，不符合历史文化名城的评选条件。更有数据表明，在上述135个名城中，将近30个城市并未达标。尽管名城保护条例等都设立了“撤销条款”，但30多年来，除了对少数城市进行通告批评，全国范围内尚没有一例撤销案例。

“家乡的异乡化”有一个典型案例，这就是具有3000年建城史、千余年的都城史（包括辽南京、金中都）的北京城的当代命运。2003年，王军出版《城记》一书，唱出了这座古老城市在半个世纪的大破坏中的绝望和无奈。但该书出版15年，并未对北京的过度发展产生任何遏制作用。单以北京胡同而言，自元到清，北京陆续形成的街巷胡同数千条，但经过近现代的高速城市化，尤其是改革开放40余年，胡同的数量剧减。1986年北京燕山出版社出版的《实用北京街巷指南》统计，当时北京市中心四城区的街巷胡同共计约3665条，但到2010年，这个数字就减少到1700条。[①]

从今天的地图来看，北京目前的文保区和文保单位明显呈现“孤

① 参见段柄仁主编：《北京胡同志》，北京出版社2007年版，第22页。需要说明，迄今为止，北京的胡同数量众说纷纭，各家的统计口径或地域范围不甚统一。从形态看，狭义的北京胡同不包括街巷，因而数量较少，一旦包括街巷，则胡同数字会成倍增加。从地域看，传统北京老胡同集中在明清旧城的62.5平方公里内，但20世纪的一些统计则把统计范围放大到整个北京市域。由于上述情况，北京胡同统计数字往往差别极大。翁立所著《北京的胡同》（北京图书馆出版社2003年版）第13页引述材料说，1944年北京有街巷胡同3200多条，其中正式胡同约1000余条。而王军在《城记》（生活·读书·新知三联书店2003年版）第15页“拆与保的交锋”一节说，北京在1949年时有近7000条街巷胡同，到了上世纪80年代剩下3900条，到2000年前后街巷胡同的年消失速度达到每年数百条。

岛化”“断裂化”趋势（如大栅栏、宣南、白塔寺地区等），随着新区的迅速扩张，旧城死亡的“水煮青蛙效应”日益明显。

总之，“家乡”在空间形态上迅速地“异乡化”，是中国高速城市化进程造就的普遍现实。由于这个现实，无论乡下人和城里人都在普遍成为“无家可归的群体”，我们的“乡愁”正在失去其意向对象，我们正成为历史上能够拥有“乡愁”的最后一代人！

五、两种城市发展逻辑，碎了一地的“传统”

上述对“家在异乡”与“家乡的异乡化”的讨论对理解当代城市文化有什么意义呢？

我们看到，“家在异乡”提示着现代的人群普遍变成“暂住者”（temporary resident），而“家乡的异乡化”则提示现在的生活空间（无论乡村还是城市）也普遍变成了“短暂者”。作为“暂住者”的人与作为“短暂者”的生活空间，决定了现代城市文化的基本特性，它使以往千百年来缓慢迁延的习俗传统，变身为如梦幻泡影般变化的时尚（fashion）——“时尚”成为“传统”的代用品，让“传统”消失在大量的碎片化构成物之中。而在现代世界，尤其在当代中国，让传统城市文化迅速变身为时尚城市文化的推手有三个：政治权力、资本力量和创意力量。

有趣的是，以上三大推手似乎分别对应着历史上三种城市范型，套用大家耳熟能详的“CBD”（central business district，中央商务区）说法，这三种范型可概括为 ACC 型城市、BCC 型城市和 CCC 型城市。

首先是 ACC 型城市，即“政治或行政中心型城市”（administration centered city)。对这种城市型中国人应当最熟悉，因为秦汉以来的城市大都体现着这种构成原则。《周礼·考工记》论及以宫室为中心的都城规制曰：“国中九经九纬，经涂九轨，左祖右社，面朝后市，市朝一夫。”同理，都城以下各级城市也多采取衙门居中、坐北面南的格局。时至今日，不少中国城市依然秉承着这种政治权力居中的城市空间形态，城市中心区往往是政治权力的展示场所。

第二类是所谓 BCC 型城市，即“商业中心型城市”(business centered city)。它是中国近代西风东渐以来形成的城市的基本范型，其空间建构多效仿美国上世纪 20 年代兴起的“福特型城市”，即按照福特式生产效率原则将城市打造为由生产区、商业区、金融区、运输枢纽区与工人市民生活区等功能性模块装配起来的生产空间。随着商业金融资本日益居于主导，这类福特型城市日益以 CBD 作为其标志性区域，它是包括商业和金融等资本力量的展示场所。

最后一类是 CCC 城市，即“文化中心型城市”(culture centered city)。随着上世纪下半叶发达国家后工业化时代的来临，“后福特城市”应运而生，这种城市空间的构成原则强调城市应当服务于人，强调城市应成为多元“表现性价值”(expressive value)的展示场所，突出“文化空间生产”的重要意义。而支撑多元文化空间的文化力量来源于强大的创意阶层和创意能力。[①]

上述三种城市类型的区分是高度简化的，它的演进叙事多少体现了一种以“文化创意城市”为城市进化目标的目的论想象。其实，迄今为止真实的人类城市类型，连同它们的发育逻辑，比上述类型区分

---

① 参见理查德·佛罗里达：《创意阶层的崛起：关于一个新阶层和城市的未来》，中信出版社 2010 年。

还要简单，它可以化约为两种。

一种是“传统型城市”，它是依照生物有机体演化的逻辑而存在的。这样的城市会有变化，但其变化速度正如生物有机体的演化，通常极为缓慢而难以觉察。一个“少小离家老大回”的游子，回乡后不仅觉察不出乡音的变化，并且会依据儿时的记忆找到自己曾经生活过的住房、院落、街巷等生活空间，品尝到童年时代喜爱的美食。总之，慢变化是传统型城市的生存特征。

与之相反，另一种是“现代型城市”，它大多遵循另一套发展逻辑，那是个以区域性、嵌入式、模块化的方式，对城市空间不断进行结构性置换的发展逻辑，因而也可以称其为“反演化性的发展逻辑”。正是这个逻辑使城市的各个功能性区域模块不断变换，使体现不同时尚“表现性价值”的相关空间变成了像舞台布景一样随时变换的“城市景观”（city spectacle）。而“景观”（spectacle）恰恰是法国情境主义思想家居伊·德波 1967 年的名著《景观社会》（*Society of the Spectacle*）一书的核心词，该书开宗明义指出：“在现代生产条件无所不在的社会，生活本身展现为景观的庞大堆聚。直接存在的一切全都转化为一个表象。……景观不能被简单理解为视觉世界的滥觞，或大规模图像传播技术的产品，毋宁说它是已然被翻译为现实的世界观，是已然对象化的视觉世界。”① 这里所谓“景观”，就是一种用于展示、作秀或表演的图像整体，它是现代社会的主要生产对象。正因如此，现代生活空间正沦落为“暂住者”（无论是租客还是观光者）而不断变换“景观集合”。

---

① Guy Debord，*Society of the Spectacle*，Black & Red，Detroit，1983。另可参见贝拉·迪克斯：《被展示的文化：当代“可参观性”的生产》，冯悦译，北京大学出版社 2012 年。

城市生存逻辑的巨变，使城市文化的本质也发生了巨变。传统意义的城市文化是按生物有机体演化逻辑那样缓慢进化的习俗传统，按照笔者的理解，传统是人们在从事不同事项（如精神信仰、人际交往以及从事建筑、戏剧、服饰、烹饪等活动）时所遵循的古已有之的规范系统，这个规范体系在历史中生成，并从历史中获得权威性和神圣性。不仅如此，传统还在特定生活空间中装置了一套与上述稳定的行为规范体系对应的历久不变的建筑设施，如中国古代城市或乡村的行政中心、宗教祭祀场所、民居和集市区域等。此外，缓慢演化的传统还可以通过从容的教化得到代际心灵复制。

然而，在今天这个崇尚结构性置换逻辑的城市中，与传统城市相对应的城市传统失去了存身余地。一个城市是无数“暂住者”的聚集场所，是随八方“暂住者”而来，凭借电视和互联网而来，最后又经过创意群体加工重构的各种传统文化元素汇集的场所。毁弃和不断改建的乡村消灭了传统的栖身之地，而城市无论曾经多么古老也很难找到自己完整独立的传统。在创意者实验室或工作室中，“传统”变成了复数！一个当代的设计师不会只跟一种传统打交道，毋宁说，他会乐此不疲地跟来自各种由来有自或来历不明的传统文化碎片打交道。传统破碎为道金斯在《自私的基因》中所说的“模因”，各种模因在创意实验室或工作室中相遇，这种相遇一旦在市场上流行，便立刻生成力量强劲的“时尚”——时尚像传统一样，也是一种相对稳定的群体心理现象。但传统的稳定性，按照美国社会学家西尔斯的说法，至少是以三代人为尺度的，时尚的稳定性则短得多，以前是几年，现在大约不出三个月。随着创意产业的高速发展，时尚会从“短暂者”最后演变为“瞬间者”或“刹那者”（ksana）。

从传统到时尚，从有机体般进化的城市到结构性置换的城市，从

“根系式生存”到“漂泊式生存”，这一切也正是列斐伏尔在《空间的生产》中所说的：以前我们在空间中生产，现在我们生产不同的空间。在政治权力、资本力量和创意力量驱动下，“模因”与“模因”的连接日益“瞬间化”，我们由此迎来了鲍德里亚所说的“符号内爆”的时代。其实，这个时代的文化特征，早在鸠摩罗什翻译的《金刚经》结尾的著名偈子里就得到高度准确的刻画：

一切有为法，如梦幻泡影，如露亦如电，应作如是观。

人成了“暂住者”，城市和乡村成了“短暂者”，文化成为“瞬间化”的时尚。在这里，笔者不会像那些不知今夕何夕的传统主义者发问：我们是否需要那么多的创意？但我会从中窥见人的一种生存论前景——无根的瞬间化生存，这大约就是正在到来文化的命运，也就是未来的人的命运。

外二篇

APPENDIX 2

城市文化空间：
从“生存性居住”到“展示性居住”

目前全球55%的人住在城市，2030年可望达到60%。[①] 根据中国第七次人口普查，中国城市化率已经从1949年的10%增长到2020年的63%，[②] 高于世界平均水平，但离发达国家的平均水平86%仍有差距。相比之下，韩国的城市化率要高一些，在2017年已经达到82.36%。这些数据表明，现在和未来越来越多的人会成为“城市动物”，城市空间越来越接近于现象学所说的“周围世界”概念，城市空间与人类生存的关系日益凸显。上世纪下半叶以来哲学和社会学领域崛起了空间研究，其宗旨之一是希望城市空间变得有文化，城市应成为生产“文化空间”的平台。对此，本文认为有进一步解读的必要。

---

① 参见联合国经济和社会事务部（UN DESA）公布的《2019年世界城市化趋势》。

② 参见潘家华、单菁菁主编：《城市蓝皮书：中国城市发展报告NO.12》，社会科学文献出版社2019年版。

一、“城市文化空间”的两种含义与两种城市生长逻辑

“城市文化空间”脱胎于法国学者列斐伏尔1974年的名著《空间的生产》。这部以“空间本体论”著称[1]的书是本空间语词词典，麦克·迪尔在《后现代都市状况》随意列举了列斐伏尔使用的近40种概念，包括“绝对空间、抽象空间、共享空间、资本主义空间、具体空间、矛盾空间、家族空间、生活空间、休闲空间、男性空间、女性空间”等，其中提到“文化空间”约略是指现在文化集聚区那样的艺术活动或表达物充斥的场所。

然而笔者更关注列斐伏尔在“元文化”（meta-culture）意义上谈论“文化空间”的两个论断：其一，一切社会空间都是历史的产物；其二，每一种独特的空间表现形态都是其意识形态的再现。这两点不难理解，列斐伏尔举例说，中世纪城市是当时天主教观念的产物，现代都市的空间则受资本逻辑的支配。虽然列斐伏尔认为“任何社会都有其独特的空间”，但他头脑中其实只有两大空间，一个是前现代社会的空间，一个是现代社会的空间，两者的分界点就是高速城市化进程，他那著名的“空间转向”论断就与此密切相关：“空间生产实际上是最近才出现的，它主要表现在一些历史悠久的城市正在经历着急速扩张和快速的都市化。……对现代生产的分析表明，我们已经从对空间中的事物的生产转向对空间本身的生产。”[2]

---

① 参见列斐伏尔文章《空间政治学的反思》一文中的“空间本体论”部分，载包亚明主编《现代性与空间的生产》，上海教育出版社2003年版，第85页。

② Henri Lefebvre, *Production of Space*, Basil Blackwell Ltd, 1991, 36—37.

从“都市化快速扩张”这个前现代与现代城市的临界点上来观察城市，中国无疑是人类史上前所未有的样本。1978 年改革开放之初它的城市化率不到 18%，现在超过 60%，几乎每年增加 1% 以上。在这过程中，它的几百个规模化城市和数千个县级市镇几乎被现代性建筑机器耕耘了几遍。如果按列斐伏尔所说，城市作为“表现型空间”（representational space）表达着该城市管理者、规划者、建筑设计者和艺术家头脑中的“空间表象”（representation of space），过去 40 多年应当是这个国家城市的“空间表象”空前活跃也空前混乱的时期，其严重的症状之一就是缺乏对作为城市流传物的历史空间价值的深度思考。

多年来，中国古典城市①饱受批评的问题是“历史资源空壳化”。截至 2019 年，在国务院批准的 672 个城市以及 2500 多座县城中共评选历史文化名城 135 个，占比 4%。但这里有近 30 个名城并未达标，如一个城市并未拥有“2 个以上历史文化街区”。与此同时，中国分 6 次进行历史文化名镇名村评选，总共在 21300 个镇中评选出“历史文化名镇”252 个，占比约 1.2%；而在 59.7 万个行政村中，6 批评选出的“历史文化名村”为 276 个，占比约 4.6‰，简直可以忽略不计。

建筑是凝固的历史，承载着历史的变迁。而中国城市“历史资源空壳化”展现的一种“反时间空间”，它形成的重要原因之一是发展太快！虽然发展社会学会谈论“后发优势”，但“反时间空间”的出现却体现着“后发劣势”。它使古典城市向现代城市的转化出现了“脆断”，脆断前后的城市形态展现了两种不同的“生长逻辑”。

---

① 我们把 1840 年作为中国古典城市与现代城市的时间分界线。古典城市的城市空间基本是政治中心型的，而现代城市则大多是商业中心型的。现代城市除哈尔滨等城市外，大多分布在我国海岸线，北起大连，南到香港，中间如青岛、上海等。

一种是传统型城市的生长逻辑，它以生物有机体演化的方式成长。“三代人的记忆”难以觉察的“慢变”是传统型城市的生存特征。

另一种是现代型城市的生长逻辑，那是以区域性、嵌入式、模块化的方式对城市空间不断进行结构性置换的逻辑，因而是“反演化性的逻辑”。

景观社会，“生活展现为景观”（life presents itself spactacles），这是本文标题“展示性居住”的主要内涵；为与之区别，前现代的生活简称为“生存性居住”。这两种不同类型的“居住”，用鲍德里亚《物体系》中的话来说，体现了“从‘物’转向‘符号’”的两种不同方式，也就是两种不同类型的“物的符号学”。

古典时代的“生存性居住”展现的是缓慢但成水平连续性形态的“时间”，这种时间是“传统意义的传统”赖以存在的条件，而传递数10代的“家谱”是这种时间性“符号体系”的写照。

反过来，现代都市的“展示性居住”则像一组随意组合起来的幻灯片，展示的是“断裂的时间”、“碎片化的时间”或“反时间”，而由不同创意设计中心、建筑设计工作室和销售商推出的景观化空间固然也属于一个“符号体系”，但这个符号体系是空间性的或“反时间”的。在这个空间中的居住日益具有“反时间”特性。

二、胡同改造：在广告叙事中湮灭的大历史与微历史

为便于理解上述概念，不妨列举笔者对北京市历史文化街区改造的片段观察。

首先，北京在过去100年的新城改造，鲜明展现了上述两种城市

成长逻辑。这个城市有3000年建城史，算上辽南京、金中都、元明清三朝，以及20世纪以来民国初年和新中国时期，共有千余年都城史，是国家第一批“历史文化名城”。大体从1900年以前，这个城市是按照生物有机体演化逻辑缓慢演化的。2010年我们参与北京市发改委项目发现，乾隆十五年（1750年）的北京地图到民国初年都基本适用。但民国以后百年，尤其是近几十年，城市是按照“区域性、嵌入式、模块化”的方式发展的。以著名的北京胡同为例，自元到清北京陆续形成的街巷胡同数千条。1986年北京燕山出版社出版的《实用北京街巷指南》，统计当时北京市中心四城区的街巷胡同共计约3665条，但到2010年，这个数字就减少到1700条。[①] 总的来看，胡同经历了三种命运。

其一，已拆毁胡同。在过去100年拆毁了多少胡同，目前没有确切数字。据报载，从改革开放起到2009年，北京平均算下来每周消失一条正式命名的胡同。

其二，纳入文物保护的胡同。根据《北京城市总体规划（2004—2020年）》，北京中心城区纳入历史文化街区保护的胡同400多条，总面积近17平方公里，约占旧城（62.5平方公里）的27%。但这些胡同如果放在今天五环以内的主城区面积来看，仅占1.7%。

其三，旧城范围内外尚未拆毁，也未列入文物保护区的胡同。据估算这类胡同目前仍有近千条。我们在2016年还曾担忧，这些“尚未列入”文物保护的胡同前景堪忧，今天总算看到拆胡同的进程被强行遏制了。

从今天的地图来看，北京目前的文保区和文保单位明显在新区中

① 参见段柄仁主编：《北京胡同志》，第22页。

呈现“孤岛化”和“断裂化”趋势（如大栅栏、宣南、白塔寺地区等），这是两种城市逻辑交织形成的景观，新的城市规划者称之为“混搭”。

与城市整体空间巨变同时发生的还有许多事项，比如城市街区命名系统的改变。古典城市北京的城市命名系统不让台北市，但今天这个城市的命名系统也成高度“混搭”状态。大型商业项目、商业住宅项目提供的不少夸富豪横、文义不通的命名占据着广大的城市空间。

上述城市空间、命名系统等方面变化，笔者称之为“家乡的异乡化”。这种“异乡化”的最强烈表现，是“居住者”人群的结构性置换。

前现代中国城乡在居住形态上具有同构性。我们曾对“家乡”一词进行解读，把它分解为一个区域内稳定存在的“血缘亲属共同体（家）+邻里熟人共同体（乡）”。费孝通在《乡土中国》中曾对这两大稳定群体进行生动描述。在古典城市中，除有一些流动人口外，不少街区存在着多代聚族而居的家族，而三代人以上的邻里熟人也是常态。他们共同构成了所谓“熟人社会”。①

与稳定的人居环境和人群结构对应的是稳定的习俗传统，那是“传统意义上的传统”，也就是以“三代人的记忆”为尺度的传统。按笔者的理解，传统是人们在从事不同事项（如精神信仰、人际交往以及从事建筑、戏剧、服饰、烹饪等活动）时所遵循的古已有之的规范系统，这个规范体系在历史中生成，并从历史中获得权威性和神圣性。这种具有权威性和神圣性的传统构成了古典社会的物、空间和行为赖以获得规范性意义的时间性符号学体系。

---

① 费孝通：《乡土中国》，第6页。

然而百年来尤其是近40年来，北京外来人口增速很快，并成为主体人口。在以金融街、CBD、科技新区为代表的城市新区，外来人口占比较大不难理解，但笔者近几年在北京南城两个"历史文化街区重塑整治"项目调研时了解到，在仅存不多的旧城区，尤其是历史文化保护街区中，"外来者"也逐渐成为多数人口：其一是住户，他们绝大多数已不是"土著"，而是外地租户，这部分人是街区重塑准备挤出和置换的"低端"人群；其二是外来游客，他们是街区重塑准备吸引来的人群。总之，由部分高端外地人口居住、旨在吸引川流不息的外来游客，这是具有旅游价值的历史文化街区的人口构成原理。再考虑到大量"土著"退出城市中心区，到周边成为"租户"，几乎所有的人都成为城市中的"暂住者"或"过客"。而"家在异乡"几乎成为所有这些人的共同感觉。

"家在异乡"与"家乡的异乡化"构成了现代城市人群共同的生存感受。而对城市规划者、创意设计者来说，"展示"变成了城市建设的指南。因为"展示"才是吸引力。一个CBD、写字楼区域，靠"展示"吸引外来客户；一个传统文化街区，靠"展示"吸引游客；而一个"成功人士"，也要在居住环境、居住用品、居住行为中以"展示"的姿态生活。当城市空间变成展示性的"景观"后，居住者也就成为景观的组成部分，他们的行为和观念也需要体现景观的核心要素——"展示性"。

值得注意的是，展示性的"景观空间"也不是不关心历史，但它们把"历史"变成了旨在吸引"外来人"的叙事——history变成了hi-story，一种吆喝出来的故事。笔者两年前到北京南城参加一个历史文化街区重塑讨论会，那块区域紧邻法源寺，在辽南京、金中都就已存在，元大都建立时它是从金中都旧城通往元大都的通道。明代中后期起，它又被纳入北京南城。但在该街区邀请的创意设计公司的叙述中，这么厚重的“大历史”完全不见踪影。同样失去踪影的还有该区域老住户的陈年往事叙述史。设计者关心的就是“胡同印象”，四合院如何改造得时尚有吸引力，墙壁上如何设计一些二十四孝、京剧人物以及在当地会馆居住过的著名人物的浮雕。这些设计内容不是没有涉及历史，但却是把历史“元素化”、“碎片化”和“皮相化”，把历史变成道金斯在《自私的基因》中所说的meme（模因），然后纳入所谓“胡同故事”之中。在这样的叙事中，过去的一切象征性符号（symbols）变成了单纯的符号能指（signifier），变成了一个个旨在吸引人注意力的信号（signals）。

一个与历史时间衔接的城市，它的空间和居住状态变化可以用“再生产”（reproduction）来概括，如家族血缘的再生产、熟人社会的再生产、习俗和建筑装置的再生产等，reproduction中的“re-”意味着“repetition”（周而复始的重复），它是人类学意义的文化研究对象。然而在上面所说的“展示性创意设计”乃至“展示性生存”中，一切只是“空间的生产”，而不可能是对历史性空间的“再生产”。在这个背景下，以“三代人的记忆”为尺度来衡量的“传统”被旋生旋灭的“时尚”所替代——而fashion依然是展示性的、反时间的。因而“展示性居住”同时也是“时尚性居住”。